脳科学が子どもを伸ばす！

子どもが 集中する ワザ大全

山田将由 著　田中光夫 絵

明治図書

　2014年8月11日（月）のコーチングセミナーで衝撃的な出会いがありました。それは脳科学者の西剛志博士との出会いです。西先生は，世界各国の卓越した実績を残す天才たちや組織を脳科学の観点から研究されています。

　「実は，脳は可塑性があり，誰でもバージョンアップできます」

　「実は，脳はナマケモノで，できるだけラクしようと思っています」

　「実は，一瞬のうちに，脳のパフォーマンスを高めることができます」

など，脳科学の最先端の情報，そして，人がもつ可能性を最大限に伸ばすための考え方や方法を教授してくださいました。

　このセミナーでは，新事実を知るだけでなく，ワークショップ型講座で自身の高まりを実感することができました。例えば，たった10回軽くジャンプするだけで，脳が覚醒し，知的な面だけでなく，身体能力も高められるというワークを体験しました。夏休み明け，すぐ教室に取り入れました。ちょっとだらけてきたなと感じたら，「ハイッ，10回ジャンプしましょう」なんとこれだけで，一気に子どもたちの集中力が回復するのです。

　西先生との出会いをきっかけとして，多くの脳科学の研究にあたり，それらを教室実践に還元してきました。

　「はやい，簡単，効果がある。そして何より楽しい」が私の教育におけるモットーです。多忙を極め，世代交代も激しい昨今，すぐに活用でき，誰でも実践でき，そして学習効果も高い。さらに楽しい。このような教育手法を，先生も，そして子どもたちも必要としていると感じています。この観点をもとに，5年以上取り組んできて効果の高かった脳科学実践を「集中力を高める7原則」と「50を超える指導法」としてまとめました。

　一つ取り入れるだけでも，すぐに効果が実感できると思います。複数の組み合わせによって，相乗効果も感じていただけると思います。よりよい学級づくり・授業づくりに役立てていただけたら大変うれしく思います。

　2021年　1月

山田　将由

③

第3章 集団活動でいつでも集中できるクラスの育て方

第4章 さらに集中力を高めるとっておきのワザ

第1章

みるみる集中する
集中7大原則!!

「子どもを集中させるために
何から始めたらいいかわからない！」
という先生へ。
まずは，子どもを集中させるための基本の
部分を押さえていきましょう。

体を動かすと
脳が動き出す！

運動すると脳がパワーアップ

　私たちの祖先は毎日 5 ～ 20km 歩いていたとされています。同じ部屋で 1 日中ずっと座っているスタイルに脳は慣れていません。

　運動すると，脳全体に血液が巡りやすくなります。酸素やブドウ糖がたくさん脳に送られてやる気や集中力が増すだけでなく，脳細胞も増えて脳の可塑性も増して学習の準備が整います。さらにセロトニンやエンドロフィンが生成され，気分も落ち着きます。

　米国のイリノイ大学のクレーマー博士らの研究では，運動することで，記憶力，計画力，決断力などの高次機能が約 7 倍に，物事をこなすスピードは 3 倍に上がるという結果が出ています。

　米国のダートマス大学の研究では，運動することでテストが好成績になるとしています。

　米国のピッツバーグ大学のカーク・エリクソン博士らの研究では，普段から散歩をしている人は，海馬を含む脳の主要部位が 2 ％ほど大きく，記憶力が優れることを明らかにしました。

　世界の記憶力チャンピオンのトレーニングの半分の時間は運動に使われていることも知られています。

　脳は動くことで働くようになっています。学習の前や間に運動を取り入れていきましょう。

ジャンプしよう！

　スポーツで最高のパフォーマンスが発揮できるのはリラックスしていて，かつ集中している状態だと言います。多くのスポーツ選手が競技の前に，軽

くジャンプしています。これは両足が地面から離れることにより脳がリラックスでき，パフォーマンスが高まるためです。

　私のクラスでも**朝の会の最初に10回ジャンプ**をしています。それだけで教室の雰囲気がプラスの方向にぐんと変わってきます！

HIIT（高強度インターバルトレーニング）を行う！

　HIIT（ヒット）とは High Intensity Interval Training の略で，**強度の強い有酸素運動と，休憩を交互に行うことによって，短い時間で心肺能力の向上を高める**ことができます。

　立命館大学の田畑泉教授が提唱しているタバタ式トレーニングが世界的にも有名です。これは，20秒の全力で行うトレーニングと，10秒の休息を1セットとして，これを8セット連続して行っていくトレーニング方法です。

　学校で取り組みやすい有酸素運動には，「バーピージャンプ」「サイドランジ」「もも上げトレーニング」「スクワットウェイトシフト」「ジャンピングジャック」などがあります。

授業中に移動を積極的に取り入れよう！

　ロンドン大学のオキーフ教授らは，頭の中に GPS のような機能があることを発見しました。グリッド細胞と呼ばれ，移動すると活性化され，位置の変化を教えてくれるというものです。

　場所を移動するだけで脳が活性化します。飲み物を取りに行く，トイレに行く，散歩するなどの時にアイデアが浮かぶことがありますが，これも移動で脳が活性化したことによります。

　1時間ずっと前向きに座って学習するだけでなく，話し合いの時に体の向きを変えたり，歩き回って交流したり，時には1時間だけのプチ席替えをしたり，机を後ろ向きにして方向を変えて学習したりするなど移動を授業の中に取り入れます。眠そうにしていた子も刺激を受け授業に入り込んできます。

水を飲む

　水を飲むだけで集中力が回復することがわかっています。５分休みは座って過ごすのではなく，水を飲むことをすすめましょう。移動と水のダブルで集中力が上がり，５分休みの最高の過ごし方と言えます。

ダラダラにはダンササイズ

　子どもたちが朝からなんだかだらだらしているなあ……そんな時はありませんか？　**朝から１曲ダンスを踊る**習慣を取り入れましょう。「パプリカ」や「HANDCLAP」「運動会で躍ったダンス」の曲や，「HIIT」「ダンササイズ」「ビリーズブートキャンプ」のシリーズがおすすめです。１曲踊り終える頃には，軽く汗をかき，憑き物が落ちたようになります！

外遊びで運動機会を増やす！

　「10月の中休みの最初だけは全員で長縄」「毎週火曜日の昼休みは１度だけ全力で走る」など，**休憩時間の最初に運動タイムを設定し**，少し体を動かします。その勢いをもって休みに入ります。するとインドア派なあの子も体を動かす時間が増えていきます。

ミニオリンピックを開催する！

　４年に一度ではなく，**４ヶ月に一度スポーツ大会**を行います。「短縄跳び」「長縄跳び」「片足バランス」「50m走」「フラフープ」「片足相撲」「腕相撲」「Sケン」「ドッジボール」「スポーツ鬼ごっこ」など複数の種目を用意し，事前にエントリーして準備し，勝敗を競います。イベントを定期的に設定することで，体を動かす目的がうまれます。

【HIIT について】

・ジャンピングジャック
テンポよく，すばやく手足を
広げる

・サイドランジ
つま先と膝をやや外に広げ，
同じ向きになるようにして重
心をずらす

※ HIIT では，常に腹筋に力を入れることにより，体幹の筋肉に作用し
て，基礎代謝が上がります。基礎代謝とは，何もしていない時でも消
費するカロリーのことです。

Point "毎日少し" を続けると

　短い時間でも毎日行っていると，**体を動かさないと，なんだかムズム
ズする感じ**になってきます。ダンスが全員で踊れるようになったり，長
縄の回数が伸びたり，できることが増えるとどんどん楽しくなってきま
す。よさを実感できるまで毎日数分の運動を続けましょう。

　ダンスは体育の時間の準備運動にも最適です。みんなで息を揃えて楽
しくダンスしている姿は壮観です。授業参観で披露したり，参加を呼び
かけ一緒に踊ったりすると盛り上がります。

集中力がアップする
タイムプレッシャー

時間を決めてから始める

　脳は，ほどよい緊迫感を与えると，興奮し，集中力が高まります。

　この性質を利用するのに効果的なのは，**「時間」の制約**です。

　「２分間話し合いましょう」

　「11時までに書き写しましょう」

　「１分間ぴったりでスピーチしましょう」

　「10秒で集まります。10・9・8・7・6・5……」

など，時間の制約を設けると，短時間でも集中しやすくなります。

制限時間を短くする

　制限時間を短くすると，一気に集中力が高まります。

　例えば，整列に２分かかったとします。「次は１分間で並んでみましょう。できますか」と，時間を半分にします。動きに無駄がなくなり，てきぱきと動けるようになります。

数を決めてから始める

　「時間」と同じように，「数」の制約も，集中力を高めます。

　「４分間で10以上のアイデアを出しましょう」

　「３分間で１つに絞りましょう」

　時間と数を組み合わせることで相乗効果を発揮します。

時間を決めずに始めると……

先　生「では，そろそろ班での意見を発表してください」
子ども「え，もう発表」
　　　「まだ，全然できていない」
　　　「もっと話したいのに……」

 時間を決めて始めると……

子ども「そろそろ時間だ，話をまとめよう」
　　　「とりあえず1つは考えを出そう」
　　　「あと1分あるから，発表の練習をしよう」

Point　時間を目立たせる

　視覚的に捉えやすいと効果がアップします。黒板に終了時刻を書くことや，アナログの時計や，砂時計，大きい表示のタイマーを使うと時間を意識しやすくなります。また，ミニタイマーが1人1台あれば発表練習や計算練習など様々な時にタイムプレッシャーを活用して学習できます。

原則
3

とにかく簡単なことから始めよう！

とにかく始めると集中力アップ

大人もそうですが，やらないといけないことが頭でわかっていても，行動に移せないことがあります。

そのような時は**「とりあえず始めてみる」ことが重要**です。嫌々部屋の片付けを始めたとしても，少しずつやる気が出て，気がついたら止まらなくなっているなんてこともあります。

これは「作業興奮」と呼ばれます。動くことで，大脳基底核のやる気の源泉である「淡蒼球」が刺激され，やる気を起動することができます。淡蒼球を活動させるには，とにかく行動することです。

簡単なことをテンポよく

月曜日や行事の翌日，5時間目の授業など，「やる気がどうも出ない」という日や時間帯があります。そのような時は**簡単にできることをテンポよく**行います。

活用しやすいのは音読です。国語の授業に限らずどの教科でも文字の書いてあるものがあればできます。少しずつテンポアップして読んだり，声量をアップさせたりすると脳が目覚めやすくなります。

簡単なプリントや復習問題も効果的です。できる喜びが，集中力へとつながっていきます。

(14)

まずはやる気を高めると……

「よし，午後もがんばろう」

「あと1時間だから，集中してやろう」

「目が覚めてきた」

[Point] 簡単が成功のコツ

　作業興奮の重要なポイントは，その活動が**「簡単にできること」**です。小さな成功体験を繰り返すことで「快」が連続的に得られ，やる気のある状態になってきます。先生の準備も簡単に済ませられるものにしましょう。「面倒だな」と感じることは，子どもたちだけでなく先生にとっても大敵です。

原則 4 脳は質問されるのが大好き

知的3要素

　IQテストで有名な心理学者アルフレッド・ビネーが，知能に必要な要素を3つ挙げています。論理力と言語力と熱意（やる気）です。学習にはやる気が必要不可欠です。

　やる気は待っていても湧き起こってきません。 やる気スイッチを押す必要があります。

やる気スイッチの本質

　飯村友和先生と松尾英明先生の『やる気スイッチ押してみよう！』（明治図書）には，「事前指導」の5つのスイッチが紹介されています。

　① why型　　「なぜ〜をするのですか」
　　　　　　　「何のために〜をするのですか」
　② get型　　「どんな力をつけることができますか」
　　　　　　　「どんなよいことがありますか」
　　　　　　　「予想される問題点はなんですか」
　③ caution型「注意すべきことは何ですか」
　　　　　　　「心配なことはありませんか」
　④ how型　　「どのようにすればよいですか」
　⑤ AorB型　「AとBでは，どちらがよいですか」

　これらの**やる気スイッチの本質は「質問すること」**です。指示されると「自我」を守る本能で素直になれないことがあります。脳は質問されることが大好きで，「自分で考えたこと」や「決めたこと」は達成したくなります。

やる気スイッチを押すと……

先　生「漢字テストで80点以上取るにはどうしたらいいと思いますか」

子ども「たくさん書く」

「プリントを何度もやる」

「先生にプリントをたくさんくださいとお願いする（笑）」

「漢字ドリルもする」

「問題を出し合う」

「全員取れたらクラスパーティーをする（笑）」

「やってみたくなった」

「プリントを何度もやったら80点以上取れそう」

Point **意欲があると10倍学べる**

　ネズミのひげの脳反応実験では，受動的な時と比べて，意欲的だと10倍も強く神経細胞が活性化することがわかりました。別の研究でも「好きなことをやる」のと，「嫌々やる」のだと**ストレスレベルが10倍も違う**ということが明らかになっています。意欲があるのはとても大切な学びの要素です。

原則 5

好き嫌いが
集中力を決める

好きこそものの上手なれ

　目から入った情報には，大脳辺縁系の一部である扁桃体が，まず感情のラベルを貼ります。そしてラベルを貼られた情報が，その後「理解」や「判断」，「記憶」と加工されていきます。

　最初の「感情」がとても大切です。その後のパフォーマンスが大きく左右されます。

　入ってきた情報に「嫌い」や「必要ない」というマイナスのラベルを貼ると，脳はその後の思考過程で，考えたり覚えたりする機能がしっかりと働かなくなり，理解も記憶も難しくなります。

　逆に，**「好き」「面白い」というラベルを貼ることができれば**，脳の理解力や思考力，記憶力を高められます。

好きになる指導を

　日々の積み重ねが，好き嫌いをつくっていきます。「苦手なこと」「できないこと」「怒られたこと」は不快な経験として，避けるようになります。

　「できることが増える」ような，「楽しい・面白いが感じられる」ような，好きになれる授業づくりを行いましょう。**好きになれば，学びも増え，正のスパイラルが生まれます。**

普通の授業を楽しくするコツ

　1日5～6時間すべての授業の教材研究をしっかりとして，子どもたちの目を輝かせる最高の授業を全時間展開する。それが理想ですが，現実には，そのような準備をする時間はありません。準備もままならず授業時間に入ってしまうこともあります。そのような日常の中でも，ちょっとした工夫を取り入れることで**普通の授業を楽しい授業に変える**ことができます。

(1)　間違い探し

　「この作文には間違えているところがあります。何個間違えているでしょう」「この漢字でおかしい所はどこでしょう」「この計算で合っていますか」など，間違いをつくったり，「教科書の範読で読み間違える」「元気のない挨拶をする」など，わざと指摘されるようなことをしたり，**間違いを見つける活動は，教え込む受動的な活動ではなく，興味をそそる能動的な学習活動**になります。

(2)　挑発する

　「これを……やっぱりまだ無理でしょう」「まだちょっとはやいかなあ」「大人の人も半分もできない問題なんですが」など，**試す声かけが負けん気な心に火をつけます。**

(3)　選択問題にする

　「主人公は誰でしょう。①たぬき，②おかみさん，③きこり。正解だと思う数字を指で表しましょう。せーの」など，2～5択問題にします。選択問題のポイントは，同時に数字を出すことです。**選択肢にすることで全員が参加者になります。**

⑷　ノートに自分の考えを書く

　発問した後に答えをノートに書く時間を取ります。**ノートに書くことで自己関与度が高まります。**答えや，友だちの考えが気になり，傍観者から参加者になります。

⑸　前に来て答える

　「24ページから場面3になります。なぜここで場面が変わると言えるのでしょう。わかった人は言いに来て下さい」わかった人からヒソヒソ声で先生に答えを言います。「おお！　……残念！」「なるほどぉ……全然違う！」「はいはい……ブブー！　その答えすでに5人目」「出た！　正解スゴイ」などリアクションで盛り上げます。**前に来る活動で一気にメリハリが生まれます。**先着合格者10名や，3分などと区切りをつけて行うと真剣さがアップします。

⑹　できた子を次々褒める

　「教科書62ページを開きます。1番スゴイ。2番スゴイ。3番スゴイ」「机の上を空っぽにします。もうできている人は手を挙げて。スゴイ」「全員立ちます。授業の準備ができている人は座ります。おお，スゴイ」など，できている子を確認して褒めます。指示し，**指示通りできている子を承認することで教室が温まります。**

⑺　ちょっとした贈り物

　暗記する，課題を終える，ノートを一冊終えるなど，区切りでシールを貼ったり，素敵なスタンプを押したりします。子どもたちはシールやコレクションできるものが好きです。**ちょっとしたプレゼントが意欲を高めます。**

⑻　MVPでスポットライトをあてる

　「今日の発表のMVPを選ぶとしたら誰ですか。紙に書いてもって来てください」「誰の作文が一番心に残っていますか」「今日，先生が選んだ最優秀

賞は……」など，コンテストを取り入れます。優勝者にヒーローインタビューをして，承認したり，工夫のポイントをみんなに伝えてもらったりします。

(9) 復習ゲーム

「三角形の面積を求める公式は何ページでしょう」「平等院鳳凰堂は何ページでしょう」など，**過去の学習内容を教科書から探します。**教科書を何度も見直し，全体像が頭に入ってきます。

(10) 発言機会を何度もつくる

発問→挙手→指名の繰り返しでは，一部の挙手する子は参加者で楽しくても，それ以外の多くの子はつまらない出席者になります。全員が声を出す機会をつくります。発問の後にペアトークを入れる，班で時計回りに一人ずつ意見を述べる，列指名でどんどん答えるなど，**声を出すことで，より興味をもって授業に参加できます。**

(11) 効果音をつける

問題を出す時に「ジャジャン」，正解したら「ピンポンピンポン」，歩く時に「ズンズンズンズン」や「ドスンドスン」，物を出す時に「タッタラ〜」，指名する時に「デューデューデューデューデュー，ロックオン」など，効果音をつけます。**効果音効果で一挙手一投足に注目が集まります。**

> **Point** もっと楽しくするためには
>
> 「活動あって学びなし」という言葉の通り，どんなに活動が意欲的でも，授業の本質をはずしては本当の楽しさは得られません。**授業の本質とは学力形成です。**「できる・わかるようになる授業」「テストで高得点を取れるようになる授業」など学力形成の観点をもつことでさらに楽しい授業になります。

イメージトレーニングを活用する

イメージトレーニングの力

ピアノの練習を「実際に鍵盤を弾いて練習した人」と「実際には弾かないでイメージをした人」で実験をしたところ，実は成果には違いがほとんどみられませんでした。

また長座体前屈や握力などで，行う直前に，「できた」というイメージをもつようにすると，現実の能力も高まっていきます。

イメージをした時の脳を調べると，五感で知覚した時と同じ働きをしているようです。イメージすることで疑似体験によるトレーニングができます。

また，ピアノやスポーツなどの**技能習得のみならず，集中力アップや筋肉増強，緊張の緩和など様々な効果がある**ことがわかってきています。

イメージトレーニングはもっと注目して活用すべきワザです。

よいイメージをもつと効果があるプラシーボ効果

プラシーボ効果とは，薬ではないものを飲んだのに薬を飲んだ時と同じような症状が出ることを言います。まさにイメージの力です。

これを学級に当てはめると，**「自分たちはできる」という前向きの期待感をもつことや，思い込みの力を作用させる**ことでプラシーボ効果が働き，実力以上の結果を出すことが期待できます。発表会，クラス会，集会などの成功体験を写真に記録したり，話したりすることで，新たな活動に取り組む時のモチベーションにつながります。

大天才になったつもりで

賢くなったことをイメージしてテストを受けると，テストの点数が上がる

という研究結果があります。これは心理学でステレオタイピングといい，脳科学ではやる気を高める淡蒼球への刺激が確認されています。単に**有能な人を思い描くだけで，簡単にパフォーマンスを高める**ことができます。

　15〜30秒程度，有能な人の姿をイメージするだけで，その人物の能力に沿った行動を取りやすくなります。

肩書きをもつ

　暗記博士，掃除の達人，拍手名人，計算のプロフェッショナルなど**肩書きをつけることで自己イメージをつくります。**クラス公認でも，自己申告制でもどちらでも大丈夫です。

　肩書きをつけることで，それらに関する活動の時に，自然と集中力が最適化されます。自己像を守ろうとする本能が働くようになり，違う行動をしようとすると，矛盾した状態に不快感をもつようになるからです。

目に見えないことを語る

　「お天道様が見ているから悪いことをしちゃダメ」は，「隠れて悪いことをして，ばれないと思っていても，天の真上からじっと見ているよ」という戒めの言葉です。

　ご先祖様，お天道様，閻魔様，雷様，もったいないお化け，鬼，神様など**「見えない力」を想定して自分の行動を振り返り正すという昔からの知恵は，**右脳のイメージの力を高めます。

イメージの仕方でやる気もアップ

　イメージする時に，「自分が見ている主観目線」でのイメージと，「自分が行動しているのを見ている俯瞰目線」でのイメージと2つに分けた場合，**俯瞰目線のほうが2倍近く行動しようという気持ちになる**ようです。例えば，「掃除を一生懸命にしている姿を教室の上から眺めてみましょう」「自分も含めて全員が最高の姿勢で座っている様子を思い浮かべてください」「ステー

ジに上がって，カッコよくスピーチしている姿を，ここからはどう見えるか想像してみましょう」などの声かけをします。

　また「どんなことが見えますか」「どんな音が聞こえますか」「どんな気持ちですか」など，より具体的に想像できるよう声かけをした方が，行動への動機づけが高まります。

もしこの学級目標が達成できたら

　喜んでいる様子をイメージしてみましょう。どんな表情をしていますか。どんな言葉を話していますか。どんな気持ちですか。

　漠然と考えるよりも，**イメージして，その感情を先取りして味わうことで**，大脳辺縁系の側坐核からドーパミンが出て意欲が高まります。

　また，自分のことだけでなく，友だちや家族のメリットまでイメージできるとさらに効果は高まります。

不安を感じたらリフレーミングを行う

　リフレーミングとは，ある出来事や物事を，今の見方とは違った見方をすることによって気分や感情を変えることです。実は不安も興奮も体に起きている変化は同じです。**不安やプレッシャーを感じた時に，「ワクワクしてきた」「本気モードになってきた」と声に出します。**リフレーミングすることで，スピーチのスコアや数学のテストがそれぞれ10～20%アップしたという研究報告があります。発表の前，テストの前など，子どもたちにこの情報を伝えることでパフォーマンスを高められます。

ビジョンボード（宝の地図）を作成する

　ビジョンボードは，「願い事を，『文字』ではなく，『写真』や『イラスト』を使って視覚化する」というものです。よりイメージしやすく，潜在意識に浸透させやすいと言われています。家から夢や理想像に関する写真や情報誌の切り抜きなどの素材をもってきて1枚の紙に集約します。

【VAK モデル】

人は五感を使って情報を得ています。NLP（神経言語プログラミング）では，情報を捉える器官は次の３つが優位としています。

イメージ化する時はこの３つにかかわる言葉がけが有効です。

運動会のダンス　　　　　　　　　　　　　　テストで満点を取る

運動会のダンス	VAK モデル	テストで満点を取る
誰が応援してくれていますか？ まわりの様子はどうですか？	視覚 Visual	テストには何が書かれていますか？ どんな字で書いていますか？
どんな声が聞こえますか？	聴覚 Auditory	自分は何と言いましたか？ 家族はそのテストを見て，なんと言ってくれましたか？
体はどんな感じですか？ 気持ちいいですか。	体感覚 Kinesthetic	テストの前にはどんなことをがんばりましたか？ どんな気持ちですか。

Point **感情が行動へのモチベーションになる**

先のことの**イメージ**が難しい場合は，**過去の感情を思い出す**のも有効です。「運動会のダンスでみんなの動きが揃った時どんな気持ちだった？　音楽会でもできそう？」と声かけしたり，クラス年表やクラス写真を掲示したりして過去からイメージできるようにします。

脳をリフレッシュして
エネルギーチャージ

脳をリフレッシュ

　脳が疲労すると，「集中力が持続しない」「単純ミスが増える」「理由なく疲れを感じる」「イライラする」など，意欲や能力が低下します。**疲れを癒すことで集中力を高める**ことができます。

目を閉じる

　視覚情報をカットするだけで脳の休息になります。さらに，長い呼吸をすると副交感神経が働き，イライラを抑制，緊張をほぐし，気持ちを落ち着かせます。同時に，ヒーリングミュージックをかけると聴覚を刺激し安心感が生まれ，気持ちをリラックスできます。

ツボを押す

　疲労に効くツボは，手をグーにした時，中指の先が当たるところの周辺の労宮です。ここを押します。ここは不老長寿のツボとも呼ばれ，過労に効き，循環器系統の保護作用もあります。一緒に手の平全体もほぐしてあげると気持ちよくリラックスできます。

一時の楽しい時間

　好きなことは疲れません。ミニゲームを行ったり，雑談タイムを取ったりして楽しい時間を過ごすと脳がリフレッシュできます。

【マインドフルネス（Mindfulness）】

　「マインドフルネス」は，呼吸を意識して「今，ここ」を一瞬一瞬受け入れ続ける瞑想法です。Google，Facebook，インテル，ゴールドマン・サックスといった有名企業が従業員の教育や研修に活用しています。

　集中力が高まる，ストレスが解消される，洞察力・直観力・創造力が高まるなどのよさがあり，上質な睡眠と並んで最も脳をリフレッシュする方法です。

マインドフルネスの４つのプロセス
　　①呼吸に注意を向ける
　　②雑念が湧く
　　③注意がそれたことに気づく
　　④それた注意を呼吸に戻す

　私のクラスでは朝の会や落ち着かない時，授業で疲労を感じた時などに２〜５分間マインドフルネスの時間を取っています。姿勢を正し，物音は一切立てずに，長い呼吸をします。最初はざわついていますが段々と静寂に包まれます。時間が過ぎる頃には，脳が学習モードに切り替わっています。

Point **昼寝の驚きの効果**

　とても疲れているなと感じる時は，思い切って昼寝タイム，もしくは長めに目を閉じる時間を取りましょう。**昼寝は，パワーナップとも呼ばれ，熟睡と同じ効果があり，疲労回復効果が高い**と言われています。リフレッシュに時間をかけても，トータル的には学習が進んでいます。

コラム　脳のしくみ

〈脳全体の構造〉

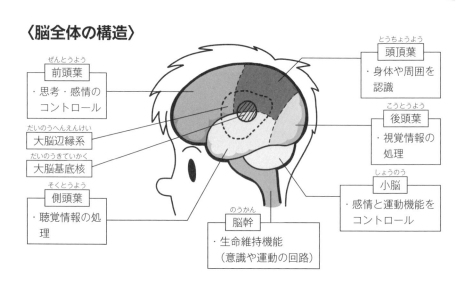

ぜんとうよう
前頭葉
・思考・感情の
　コントロール

だいのうへんえんけい
大脳辺縁系

だいのうきていかく
大脳基底核

そくとうよう
側頭葉
・聴覚情報の処理

のうかん
脳幹
・生命維持機能
　（意識や運動の回路）

とうちょうよう
頭頂葉
・身体や周囲を
　認識

こうとうよう
後頭葉
・視覚情報の
　処理

しょうのう
小脳
・感情と運動機能を
　コントロール

〈脳内部の構造〉

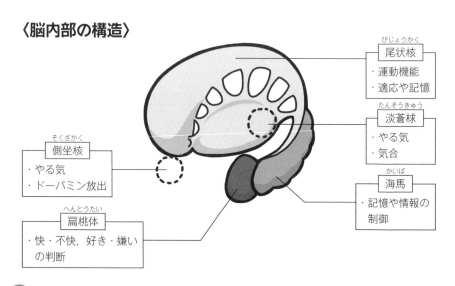

びじょうかく
尾状核
・運動機能
・適応や記憶

たんそうきゅう
淡蒼球
・やる気
・気合

かいば
海馬
・記憶や情報の
　制御

そくざかく
側坐核
・やる気
・ドーパミン放出

へんとうたい
扁桃体
・快・不快，好き・嫌い
　の判断

第2章

どんな子どもも
授業に集中させる
ワザ！

第1章では，
集中させるための基本の部分を見てきました。
次に，授業で活用できる
様々なワザを見ていきましょう。

1 姿勢のよさは すべてのよさに通ずる！

姿勢がよい＝勉強ができる＝運動ができる

　脳は酸素とブドウ糖をエネルギー源として働きます。この量が少なくなると，脳の機能は低下します。猫背になると，血流量が減り，脳が十分に働かなくなってしまいます。**集中力を維持するためにはよい姿勢が必要不可欠**です。

　また，姿勢が正しく保たれていないと，スポーツで重要な方向や大きさ，距離感などを認識する空間認知能力が働きにくくなります。正しい姿勢で水平な目線を維持することで，空間を正確に理解できます。

　超一流の人は全員が美しい姿勢です。姿勢を鍛えるのは，文武両道への第一歩となります。

姿勢をよくする3つのポイント

(1)　骨盤を立てる

　森信三先生は立腰教育，「身心相即」腰骨を立てることで心を磨く大切さを提唱しています。

(2)　肩甲骨を後ろに引き寄せ，肩を落とす

　両側の肩甲骨を内側に寄せます。肩が上がらないようにします。

(3)　頭頂を意識する

　頭の上から糸が出てつられているイメージをします。耳の穴と肩の真ん中が一直線になるようにします。

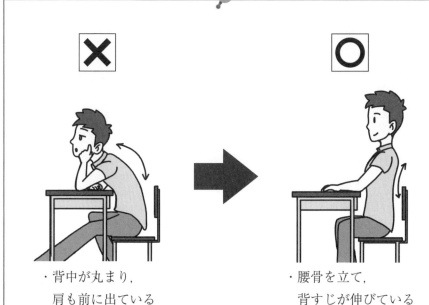

・背中が丸まり，
　肩も前に出ている

・腰骨を立て，
　背すじが伸びている

〈姿勢がよくなるかけ声集〉

先生「よい姿勢は」　　全員「グーペタピンッ」

先生「姿勢を正そう」　全員「３・２・１・ピンッ」

先生「姿勢がいい人」　全員「大天才」

先生「姿勢，姿勢」　　全員「よい姿勢」

Point 凡事徹底して遊びを入れる

　グループでの話し合いや，給食後の授業など崩れがちな時間帯があります。**その都度声かけ**をしていると，声かけをしなくてもできる時間が増えてきます。当たり前のことを当たり前に声かけします。

　時には本を頭にのせて話し合ったり，歩いたりして楽しみながら姿勢をよくしていきましょう。

2 整理整頓で 脳はサクサク動く

整っているほど集中できる

　人間の脳には，**新しい情報に瞬時に反応するというクセ**があります。一つの活動に集中して取り組むには，「新しい情報」となりそうなものを身の回りに置かないようにします。机上をきれいに片づける習慣ができていれば，集中力が持続します。

必要なものしか出さない

　話を聞く時や暗唱の時は，**机の上は何もない状態**にします。ドリル学習の時は，原則的に教科書やノートはしまってドリルと筆箱のみ出します。机の上に出したり，しまったりはひと手間ですが，行うだけの価値があります。

週に一度は片付けタイム

　机上をきれいにしようと思っていても，机の中がごちゃごちゃしていると，収納ができません。机の上に出しっぱなしか，毎回ロッカーに筆箱を置きにいく，机の中から物が溢れてはみ出してしまっているなど，机上を整理整頓するどころではありません。

　週に1度は，掃除時間の一部を使ったり，帰りの準備の時間の一部を使ったりして，**机とロッカー，ランドセル内をきれいにする時間を設定**します。授業に集中できるだけでなく，忘れ物や落としものも目に見えて減っていきます。

散らかっていると……

・筆箱が落ちて騒がしい

・教科書が見つからなくて探している

・狭いスペースで教科書を広げて読んでいる

整っていると……

・皆，定規でしっかりと線をかいている

・教室が整然としている

Point **まずは職員室の机から**

　職員室を見ても，机の上がきれいな人は仕事ができるという相関関係があるのではないでしょうか。**まずは先生自身が机上整理のよさを実感**してみましょう。教室での指導にも気持ちが入ります。

3 構えをつくって始めよう！

構えをつくる

　武道，茶道，弓道など道のつくものには体を止め，構えをつくる場面があります。**何かを始める時に，一度止まることで**，準備する心ができます。脳の働く準備ができ，集中力を高めます。

注目を集める

　ザワザワが大きい時は，「指は何本？」「チョークの色は何だった？」「黒板に何と書いたでしょう？」など，見せたあとすぐに隠して注目させます。説明の時は，「『この字を読めますか？』先生の机に何が入っているでしょう？」「今日は特別なものをもってきました」など**惹きつける内容から話し**出します。

最初に一言声をかける

　大切なことを話す時は，「これから大切なことを言います」「先生と目を合わせましょう」と落ち着いたトーンで声をかけてから話し始めることで，構えができます。**最初の一言が大切**です。

　「3つのことを話します」「1つだけ覚えてください」など，「ナンバリング」を使って，数字でくくると話の内容を理解しやすくなります。子どもたちの頭の中には「記憶するスペース」が生まれます。

　また「このあと質問します」と言って話し始めるのも効果的です。出力を意識して入力することは脳の働きを高めます。

ザワザワしていると伝わらない

先　生「さっき言いました」

先　生「きちんとこちらを向きなさい」

先　生「いいですか」

子ども「いいです」←一部の子だけ

　構えをつくって話すと……

先　生「1分間大事なことを話します。

　　　　　全員と目が合ったら始めます。

　　　　　3つのことを言います。1つ目は……」

Point　構えの基本は姿勢

　構えの基本は姿勢です。**姿勢は，見た目の美しさである「姿」と前向きな心である「勢」の2字で**成り立っています。「立つ姿勢」「座る姿勢」「聞く姿勢」「礼をする姿勢」を折に触れて確認しましょう。

4 時間を分けて 集中力アップ

初頭努力と終末努力

　集中力が高まる時間帯があります。それは活動の「初め」と「終わり」です。「初頭努力」「終末努力」と呼びます。一方，中盤では，集中力が切れ，時間を無駄にしてしまうことがあります。

　中だるみを回避するには，授業時間を小さい時間のかたまりに分けることです。そうすれば初頭努力と終末努力が何度も訪れ，集中する時間を多くもつことができます。

モジュール授業

　授業をいくつかのパーツに分けて行います。例えば，国語では，音読10分，漢字5分，読解15分，書く活動15分。算数では，基礎計算5分，自力解決10分，協同学習15分，習熟学習15分など，1時間の授業を分けて学習します。それぞれのパーツで集中力が高まります。また学習は集中的に取り組むよりも，分散して取り組んだ方が定着率が高まることがわかっています。モジュール学習は，やる気も学びも多く一石二鳥です。

授業時間に休憩をはさむのも吉

　世界的に有名な時間管理術のポモドーロ・テクニックでは，活動の間に短い休憩を取ることで高い集中力を持続できるとしています。テンポよく進めるだけでなく，**パーツ授業の間に20〜30秒程度の休憩を入れる**のも集中には効果的です。

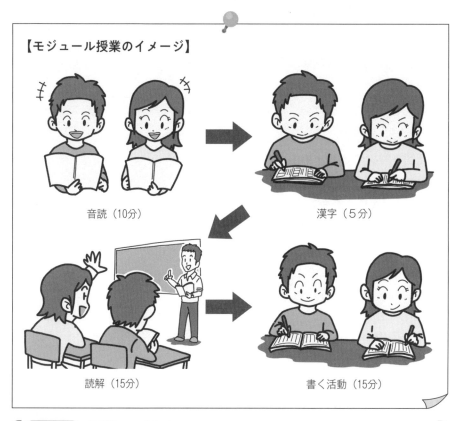

【モジュール授業のイメージ】

音読（10分）　→　漢字（5分）

読解（15分）　→　書く活動（15分）

Point 授業の型をもつ

　様々な内容にどんどん切り替えて授業を進めるので最初は戸惑いが生まれます。音読の型，漢字指導の型，読解の型，計算練習の型，自力解決の型など，**それぞれの型を決めて，繰り返す**ようにします。切り替わりもはやくなり，見通しをもって学習できるようになります。

5 範囲を決めると 集中力アップ

やるところを限定する

「範囲を限定する」と集中力が増します。

脳は「何でも大丈夫」「終わりがわからないこと」「選択肢がありすぎること」などを考えるのが苦手です。「何をすればいいのか」がわからないと戸惑ってしまいます。

「3文字の言葉を集めましょう」よりも，「『あ』から始まる言葉を3つ書きます。書いたらもってきます」

「残りの時間視写を行います」よりも，「教科書42〜43ページを人生で一番きれいな字で視写しましょう」

など「これをやれば大丈夫」「ここまでやれば大丈夫」と目指すゴールが明らかになると「そこまで，がんばって仕上げよう」というやる気が湧いてきます。

ただし，はやく終わらせたい気持ちが強すぎて雑になることがあります。事前に「丁寧でない場合はやり直し」「まずは正確，次に丁寧，最後にはやさ」などの声かけをしておきます。

遊ぶ時も限定することで楽しさアップ

「校庭すべての範囲で鬼ごっこをするのではなく，トラックの中だけで鬼ごっこをする」「ドッジボールでコートにフラフープを置き男子はフラフープの外に出られない」など，**限定することで，活動や戦略性が生まれ楽しくなります。**

長い時間で範囲が広いと……

先　生「振り返りをしましょう。20分間で運動会の思い出をできるだ
　　　　け多くノートに書きましょう」

子ども「えっ，何書けばいいの」
　　　　「もう忘れちゃった」
　　　　「徒競走をして，ダンスを
　　　　して，それから騎馬戦を
　　　　して，あとは……」

 短い時間で範囲を狭くすると……

先　生「ダンスの次は，徒競走でしたね。では，今度は徒競走につい
　　　　ての思い出を5分間できるだけ多く書きましょう」

子ども「ダンスと同じで練習のことを書こう」
　　　　「1位じゃなくて2位だったけど，去年は3位だったから，成
　　　　長したな」
　　　　「そういえば走り終わった
　　　　あと，応援もがんばった
　　　　な」

> **Point** 特別な取り組みも限定する
>
> 　日直スピーチ，ホメ言葉のシャワー，作家の時間，振り返りジャーナ
> ルなどの**特別な取り組みも1ヶ月限定など期限**を決めます。見通しをも
> って活動することができ，中だるみを防ぎます。

6 ワーキングメモリを鍛え 集中力を維持する

省エネ化で集中力アップ

　一度に使えるワーキングメモリ（脳のエネルギー量）は限られています。限られたエネルギーを有効活用するには，「基礎学力」を高め，学習活動を省エネ化することです。同じ問題を解くことや，同じ行動をするのにも，少ないエネルギーで，できることが増えれば，思考や行動がはやくなります。より難しい問題や，応用問題もできるようになります。

基礎学力を高める

　古今東西「基礎学力」と呼ばれているものは，「読み書き計算」です。読み書き計算とは，音読・読書・漢字・視写・四則計算です。

　音読の力や基礎計算の力は，学力と相関関係が高く，読むこと，基本的な計算ができることはすべての授業に生きてきます。

百ます計算や音読は集中力を鍛える

　実は，百ます計算は単なる計算練習ではありません。音読は単に文が読めるようになることではありません。前頭葉の前方にある前頭前野を活性化させ，地頭をよくすることができるのです。前頭前野は脳の司令塔と言われています。**前頭前野を鍛えることで，記憶力や集中力，判断力や注意力を改善できます。**

　授業の最初は百ます計算や音読と決めることで，習慣化できます。5分休みの間に準備をするというルールが定着すると，ロケットスタートをきれ，いつも集中力を高めた状態で授業を始められます。

【速音読の進め方】

①読む範囲を決める

②イメージをもてるよう範読する

③２人一組にして先に読む人を決める（交互に読み，一人は聞き役になる）

④先生「読み終わったら『ハイッ』と手を挙げます。よーいスタート」

⑤先生は，手を挙げるたびに，時間を伝える

⑥時間を教材のすみに記録する

⑦慣れてきたら，ペアやグループで句読点で交代する交互読みを速音読で行う

Point 速音読で高速に鍛える

　音読の中でもさらに学習効果が高いのは齋藤孝先生が提案している「速音読」です。決められた範囲をできるだけ速く音読し，時間をはかります。**速い音読に合わせ，脳も高速回転します。**

　成功するポイントは，まず範読でイメージをもたせることです。速くかつ正確に読む姿を見せることで，「読んでみたい」という思いが生まれます。次にペアをつくることです。１人で読むと，速さを追求するあまりに適当に読んでしまう子が出てきます。読みきった時に，聞き役の人も一緒にペアで「ハイッ」と手を挙げると一体感が生まれます。

7 記憶力×集中力

記憶力は誰でも鍛えられる

　イギリスのマグイア博士らは，**記憶力に IQ の影響はない**としています。カナダのヘッブ博士が学習原理として発見した「ヘッブの法則」では，反復的な学習を行うと脳神経細胞がつくるネットワークが成長して情報伝達の効率がよくなり記憶力は高められるとしています。

繰り返すと楽になる

　算数ドリルや国語のワークシート，プリントなど新しい課題に取り組むと，1ページ進むのにも時間がかかり，疲れます。初めて出会う形式や，少し難しい問題が出されるとさらに時間がかかり，疲れます。思考を意識的に行わなければならないからです。

　2回，3回と同じ問題を繰り返し学習していくと，どんどん速くなってきます。半分以下のスピードになることもざらにあります。疲れもなく，考える余裕も生まれてきます。

暗記プリント

　暗記プリントを用意することで，繰り返し学習がしやすくなります。

　6年社会であれば一単元毎に20問の一問一答テストをつくります。単元内で3回程度繰り返します。年度当初は覚えるのに時間がかかりますが，後半はコツをつかみ楽に覚えられるようになります。

３つのレベル

繰り返すコツはレベルがあることを伝えることです。

「理解には３つのレベルがあります。まず『①できる』。次に，『②スラスラできる』。そして，『③説明できる』の３つです。皆さんは今どのレベルですか」と問いかけることで，「一度解いたら満足」から一歩前に進めます。

何度も解けるように

ドリルは書き込まずにノートにやります。プリントは裏表同じ問題にします。何度も解くことができ，友だちへの説明問題にもなります。**一度解いてからが理解のための本当のスタート**です。

１人１台のタイマーを

繰り返し学習が効果的といっても，同じ問題はつまらないという飽きによるモチベーションの低下があります。

タイマーを用意して，時間をはかるようにします。同じプリントでも１回目と２回目のタイムを比べると，差は歴然です。成長を実感でき，自分と勝負することで意欲や集中力も高まります。

暗記タイムの設定で集中力アップ

授業の中で，５〜10分の暗記タイムをつくります。**時間と覚えるものを明確にする**ことで，覚えようという意識が高まり集中できるようになります。毎日，漢字50問を５分間繰り返し書き，５日目に暗記テストを行うなどアウトプットによる学習の周期をつくるのも記憶力を高めるよい訓練になります。

暗記王に教えを乞う

漢字テスト連続満点の子にインタビューして学び方のコツを共有します。複数の子に聞き様々な方法があることを知ります。身近な存在であるクラスメイトの**暗記方法を知る**ことはよい刺激になります。

鼻呼吸で集中力アップ

　口呼吸化から**鼻呼吸に変える**だけで，記憶力がアップすることを明らかにした研究があります。常日頃から鼻呼吸を推奨します。

五感をフル活用する

　記憶をつかさどる脳の器官である海馬は**複数の情報を入れることで興奮し記憶の機能が高まります。**

　目で見るだけでなく，手や耳，口を一緒に使って覚えたほうが効果的です。その中でも耳を使った学習は，効率のよい学習方法です。

　脳の進化の過程で，視覚の発達は比較的最近です。哺乳類は，目よりも耳をよく活用して生きてきました。歴史が長いぶん，聴覚の記憶はより強力になります。子どもの時歌っていた校歌，アニメソングや童謡などは，メロディーとともに思い出すことができます。メロディーにのせないで歌詞だけ思い出そうとすると，随分難しくなります。

　声に出し，メロディーやリズムと一緒に覚えれば，楽しみながら，簡単に覚えることができます。

暗唱ミュージックやリズム音読

　暗唱ミュージックは，鈴木基久先生の『リズムでおぼえる漢字学習　小学校全学年』（清風堂書店）や『アニメで覚えるトクトク99のうた DVD+CD 国・算・理・社・英　暗記ソング集』（日本コロムビア）など，たくさんのCDや YouTube などで紹介されています。

　リズム音読の教材は，教育サイト EDUPEDIA の「成功する音読の全て【具体編】（鈴木夏來先生）」のページで提供されています。小学校低学年でも数日〜数週間で，二十四節気，都道府県，歴史上の人物などを一気に覚えることができます。

一 十 百 千 満 億 兆 ♪
京 垓 秭 穣 溝 澗 正 ♪
載 極 恒河沙 阿僧祇 ♪
那由他 不可思議 無量大数 ♪

（もしもし　かめよ　かめさんよ　のリズムで）

> **Point** **五感をフルに**
> 　歌いながら覚える時は体を左右に振ってリズムを取ったり，手拍子を
> したり，ジェスチャーを加えたりして，**動きを加えるとさらに楽しく覚
> えやすくなります**。歩きながら読んだり，スキップしながら読んだりす
> るのも効果的です。

8 リフレクションで 学びを深める

リフレクション（内省）は脳を２度使う

暗記に限らず，脳は「何度も繰り返したことが上手」になります。

本田圭佑選手や羽生結弦選手，石川遼選手，上村愛子選手など超一流の選手も子どもの頃から日記を書いていたそうです。書くことにより擬似的な練習もできるので，練習量が増えたことになります。

リフレクションは上達の王道です。しかし，注意するポイントがあります。間違った経験の影響力も繰り返すことで高まります。マイナスの振り返りではなく，よい経験や考え方を繰り返すことで，プラスのイメージを強化することが大切です。

リフレクションの書き方

リフレクションで大切なのは**時間の確保**です。授業の最後の５分間や帰りの会など時間を保障します。リフレクションの時間が習慣化されると，メタ認知能力が高まり，授業自体の集中力も高まります。

書く時は，

①初めて知ったこと・できるようになったこと

②学び方で気づいたこと

③友だちから学んだこと

など，観点をもとに，結果だけや抽象的な書き方ではなく，過程や具体性を大切にして書くようにします。

振り返りがないと……

・家に帰った時

　保護者「今日は学校どうだった？」

　子ども「楽しかった」

　保護者「何が楽しかったの」

　子ども「遊んだこと！」

　　楽しかった・やったことは覚えていても何を学んだかがはっきりしていないことに……

 振り返りをしていると……

　保護者「今日は学校どうだった？」

　子ども「１ｍものさしを使って，色々な長さを測れるようになった」

　保護者「どうやって測ったの？」

　子ども「端を揃えて，まっすぐに。長い時はみんなで協力して測ったんだよ。中島さんたちは５人で黒板の長さを調べてた。そうだ，１ｍものさし家にある？」

> **Point** 負担は継続の大敵
>
> 　書くリフレクションを続けるコツは「評価に労力をかけすぎないこと」です。できた人からもってきて，ノートには丸やスタンプだけにして，コメントは口頭で行うようにします。
>
> 　時間がない時は，**聞き合う時間**を取るだけでも効果があります。

9 スモールステップが 集中のカギ

スモールステップが脳は好き

　脳は新たな挑戦やチャンス，欲望に対して恐怖心が起こるようになっています。大脳辺縁系にある扁桃体が変化を嫌います。これを回避する**コツは小さな一歩にすること**です。小さな一歩に対しては恐怖心は起きません。

　授業の最初は，全員ができることから始めて，できたことを褒めると，意欲に火がつきやすくなります。ボール投げであれば，「①ボールを転がす」「②ワンバウンドで投げる」「③ノーバウンドで投げる」「④離れた距離で投げる」など，できることを増やしていきます。

できるところまで戻ってそこからスタート

　「わかる」とは「分けられる」のことです。学習につまずいている子どもたちは「何がわかって」「何がわからないか」がわかりません。そのため系統を把握して，**前学年，前々学年まで戻って，まとめの資料の用意や課題が必要**になります。例えば，漢字の総復習をする時は，どの学年でも1年生の漢字から行います。やってみると下学年の内容は理解しやすく，意外とはやく該当学年までできるようになります。

　行う際には，「レベルの低い問題だから」「1年生でもできる」などは禁句です。「これは，伸びるために必要な問題だよ」と期待する言葉がけを行います。

【スモールステップの例：様々なます計算】

　5ます，7ます，10ます，25ます，49ます，64ますと順次ますを増やしたり，自分でますの選択をできたりするようにします。

 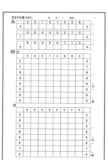 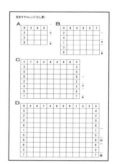

Point　個に合った課題

　目標のレベルは高すぎないことが大切です。最初に「無理だ」と思ってしまうと脳は働いてくれません。**少し簡単だと思うぐらいでちょうどよいでしょう。**ただし，簡単すぎる目標も意欲を下げてしまいます。そのような時は，「完璧だという人は必ず100点を取りましょう」「裏にその漢字をすべて使って物語を書きましょう」など難度を調整できるようにします。

第2章　どんな子どもも授業に集中させるワザ！　㊾

10 ICT 機器で 視覚に訴える

百聞は一見に如かず

　聞くだけよりも聞いて見る方が，記憶に残りやすくなります。「口頭説明」と「口頭説明に絵を加えた説明」と２つのグループを調べた実験では，72時間後のテストの結果に約６倍も差が出ることがわかりました。

　脳は，色や大きさ，特に動いている物体に注目するという性質があります。視覚に訴えるのは情報を効率的に伝える方法です。PCやタブレットをつないで，テレビやプロジェクターを活用して映像で伝えましょう。

フラッシュカード

　視覚を利用した教材にフラッシュカードがあります。紙のフラッシュカードは手軽にできるよさがありますがデジタル環境が整えられるならプレゼンテーションソフトを活用したフラッシュカードがおすすめです。「絵や写真に強い」「省スペースで検索が簡単」「カードより大きく視覚化できる」などのよさがあります。

　フラッシュカードは，四則計算，漢字，部首，公式や学習用語，教科書の挿絵，都道府県，地図記号，国旗，四字熟語，名画，草花，クラスの子の名前などがあります。**すぐに熱中し，すごいスピードで覚えます。**

デジタル教材を活用する

　NHK オンラインをはじめ様々なコンテンツが無料で活用できます。伝えることのプロの教材はぜひ活用することをおすすめします。

フラッシュカードで覚えると……

「大体覚えてきたぞ」

「北海道はあの形だね」

Point　表示に変化を加える

　フラッシュカードの情報について，絵や文字をセンターにするだけではなく，端に寄せたり，大きさを変えたり，色を変えたり，逆さにしたり，反転させたりと**いろいろ変化を加えます**。飽きない上に，目が追うことに労力をかける分，記憶の定着もよくなります。

臥薪嘗胆	精励恪勤	千載一 遇	

フラッシュカードの例

教室3種の神器を使おう!

小物で集中力アップ

　私が教室3種の神器と呼んでいるのは前述の「ミニタイマー」に加え，「ホワイトボード」「アナログカウンター」です。**非日常感と学習ツールが意欲を喚起**します。また，学習内容の可視化や共有化が行われ学びの支援にもなります。

ホワイトボード

　議論や意見を可視化することにより，交流が生まれ，合意形成や課題解決がしやすくなります。消したり書いたりするのが簡単で，書き心地がよく，大きめに書かないと字がつぶれるので，見やすく書かれるなど様々なよさがあります。また，B4のホワイトボードは，小グループ間の説明や，クイズ番組のフリップのように発表ツールとしても活用できます。

　※白紙をB4ラミネート加工することで，簡単に個人持ちのホワイトボードがつくれます。

アナログカウンター

　数を取り入れることでゲーム的な要素が増え，意欲が増します。都道府県の暗唱や，長縄とびの記録測定，マラソンで走った周，ブレインストーミングのアイデアを出す時，言葉集めゲームなど，アナログカウンター1つあればそれだけで楽しくなります。

ホワイトボードを使いながら話し合いをすると……

「よし，これは解決だね」

「あと，話し合うことは２つだね」

「待って，ぞうきんがけの仕方についても話したいんだけど」

「じゃ，話し合う項目に追加しておこう。話すのは最後でもいい？」

「うん。ありがとう」

Point　まずは道具を揃える

　３種の神器以外にも，辞書，太字マーカー，マグネットシート，指示棒，画用紙，色画用紙，工作用紙，模造紙，折り紙，原稿用紙，FAX原稿用紙，トレーシングペーパー，○×プレート，卓上ベル，サイコロ，多面サイコロ，わりばしくじ，トランプ，デジタルカメラ，デジタルビデオ，実物投影機，大画面タイマー，パソコン，タブレットPC，DVDプレーヤーなど**学習用具を充実させることで，子どもたちの活動がより活発に**なります。

12 集中力を高めテストで成果を出す！

テストで成果を出すコツ

　テストでよい成績を取るためには，日頃の学習が大切です。それに加えて「本番で実力を発揮すること」も大切です。本来の実力を発揮するためには，**高い集中力をキープする**必要があります。

　テストで集中力を高める方法を紹介します。

集中する儀式を取り入れる

　野球選手や陸上選手に決まった動きをして気持ちを高めている選手がいます。同じようなことを取り入れることで集中モードに入ることができます。

　例えば，「目を閉じて，深呼吸する」「簡単な四則計算を行う」「好きな○○を見る」「文房具を定位置に置く」など，自分に合ったもの，げんかつぎになるものを取り入れます。普段の勉強の時から，**集中の"儀式"**を習慣づけておくと，テストの時にも効果を発揮します。

テストに自己予想点を書く

　テストを行う際に，予想点を書かせます。

　100点と書く子は，100点になるよう見直しを行う意欲が増します。

　また，テスト後は，**予想点と実際の点数のギャップを分析させます。**100点と思ったけど，90点，95点だったという経験は，自分との対話を促します。

特恵効果で脳を回転させる

　「特恵効果」とは，苦手な内容を嫌々やるよりも，**得意とするところを伸ばす**方が，全体としての成績が伸びるというものです。

特恵効果は，テストやプリントなどの短い時間にも応用できます。得意な問題や簡単な問題から解き始めます。できる問題を解いていくうちに自信がつき，やる気や集中力が高まっていきます。

アンダーラインを引く

ケアレスミスの王道は，問題文を読み違えてしまうことです。集中力を高めて読み間違えしないためには，問題文の**「求められていること」に着目してアンダーラインを引く**のが有効です。例えば，

「書き抜きなさい」

「番号で答えなさい」

「2つに〇をしなさい」

「次の□から選んで答えなさい」

「15字（以内・程度）で答えなさい」

「間違っているものを選びなさい」

などに線を引きます。これらは，文末表現にくることが多いです。

テスト中に丸をする

業者テストを行う際でも，形成的評価とするなら，**テスト中に丸をする**と効果的です。「正解していれば丸をして，間違っていれば丸をしない」とすると，丸をされないところを何度も見直します。間違いに自ら気づいて修正できるようになります。見直しのよさを体感できます。

一息ついた脳をもう一度元気にさせる技

脳は一度**「できた」と思ったものはよく見えなくなる習性**があり，確認しても間違いが見抜けないこともあります。目を閉じて深呼吸して，「間違いは必ずある」「もう一度，違う自分がチェックするんだ」という意識をもたせます。もしくは，「自分が先生になったつもり」でチェックさせます。すでに書いた答えを隠して，空いたスペースに再度解き直すのも効果的です。

確認のポイントを知る

　間違いは次の10のうちのどれかです。1と2以外は，ケアレスミスに分類されます。**ポイントを知ることで，客観的に見直しができます。**

　①知らない。わからない。思い出せない
　②時間が足りなくて解けない
　③問題の読み違い（早合点）
　④公式ミス，計算ミス
　⑤数字の誤読（1と7，2と3，0と6，5と6，7と9）
　⑥誤字
　⑦単位の間違い
　⑧文末表現（句点含む）
　⑨書き写しの間違い
　⑩指示通りに答えない

テストファイルを作成する

　テストファイルを用意し，テストは綴って保管できるようにしておきます。そして，テスト前には，**テストファイルを見直して，自分の弱点を確認し，**めあてをもたせます。めあてをもってテストに挑むことで，弱点を克服できたり，その後の振り返りの精度が高まったりします。

プレテスト付きのテストを購入する

　業者テスト購入の際，「プレテスト有」にします。プレテストを行うことで，基本問題の確認ができたり，問いの形式に慣れたりできます。満点の子には，「もう一度満点」と，間違えがあった子には「どうすれば満点を取れるか」と投げかけると，テスト前にもう一段階成長できます。

難しい問題から取りかかると……

「わー，できない。

　どうしよう。

　もう，時間がない。

　裏を全然解いていない。

　もうだめだ〜」

 できるところから始めると……

「よし，問3以外はできたぞ。

　まだ時間があるから，先に見直しをしておこう。

　この前単位を忘れたから，単位の確認と

　句点の確認をまずして……，

　あ，問3の解き方を思い出した」

Point 声かけのポイント

　いつも100点を取る子には，「どうして100点だったか考えよう」「他の教科も100点にするには，どうしたらいいと思う？」「体育や図工にも生かせないかなぁ」など，**できたことの分析や，他の学習内容への足がかりとなるように**問うと，できることが広がっていきます。

コラム　代表的な神経伝達物質

引き起こすきっかけ	神経伝達物質	身体への作用の例
目標設定・目標達成 楽しい，勝負事 ご褒美	ドーパミン 快感ホルモン	やる気，向上心の高まり 快感や多幸感
日光を浴びる リズム運動，咀嚼 瞑想，リラックス	セロトニン 幸せホルモン	やる気，集中力向上 精神の安定 睡眠の質を向上
運動×リラックス 大きな目標やストレス 瞑想，呼吸法	エンドルフィン 脳内モルヒネ	多幸感，恍惚感 集中力，記憶力向上 苦痛の緩和
恐怖・不安を感じた時 緊張・興奮状態の時 腹の底から大声を出す	アドレナリン 闘争（と逃走）のホルモン	身体機能向上 集中力，記憶力向上 鎮痛作用
しめきりがある時 精神的ストレス	ノルアドレナリン 闘争と逃走のホルモン	覚醒作用 集中力，判断力向上
ストレスを感じた時 睡眠不足	コルチゾール ストレスホルモン	脳の覚醒 抗ストレス反応

※アドレナリン，ノルアドレナリン，コルチゾールの３つはストレスホルモンと呼ばれています。ストレスと聞くと，マイナスのイメージがあるかもしれませんが，これらは生命にとって必要なホルモンです。ただし，短期的な活用は推奨されていますが，継続的なストレスを与えてしまうと，自律神経失調症や不安障害，悪性腫瘍などの原因になるので要注意です。

第3章

集団活動で
いつでも集中できる
クラスの育て方

学校の大きな特徴の一つは，みんなと学べることです。
社会的促進と言って，一人よりもみんなと一緒の方がよ
り学ぶことができます。
一方，社会的抑制と言って，
一人よりもみんなと学ぶことで，より学べなくなること
もあります。
クラス全体が集中できる技を活用してより高め合えるク
ラスにしていきましょう。

1 目標設定が集中力も クラスも変える！

少し上を目指す

　ある実験によると，**人の能力は130%まで引き上げられる**そうです。目標が高すぎると，脳の「自己保存」の本能により，「無理」と諦めてしまいがちですが，「130%を目指す」という目標を立てると，自分の力を引き出そうとして集中力をアップすることができます。

今，何をやるのか

　「期間が長く，大きな目標」も軸をつくる上でとても大事ですが，**行動に影響しやすいのは「今やること」**を決めることです。学級目標や個人の目標を１年かけて目指すよりも，月や週，今日の目標のように細かく設定したほうが脳の力を発揮できます。

授業の前に宣言する

　「今日の授業参観でがんばりたいことをできるだけ多くの人と発表し合いましょう。相手のめあてを聞いたら，『いいね！』や『応援しています』とメッセージを伝えましょう」

　自由に歩き回ってペアで目標の交流を行います。**目標を立てること，宣言することでより意欲をもって授業に参加**することができます。

　普段の授業でも効果的ですが，研究授業や授業参観，発表会などの前に特に力を発揮します。

【朝の会の様子】

・朝の会の日直主導で

日直「学年目標　にこにこ」　　　　みんな「学年目標にこにこ」

日直「自分も友だちもにこにこ」　　みんな（繰り返し）

日直「学級目標　助け合い」　　　　みんな（繰り返し）

日直「みんなで伸びよう２年２組」　みんな（繰り返し）

日直「今日の目標」　　　　　　　　みんな（繰り返し）

日直「僕の今日の目標は，『よい姿勢で過ごす』です」

（みんな：パチパチ）

日直「ペアの人で今日の目標を聞き合ってください」

みんな→自分目標を伝え合う

Point **目標は具体的に**

　脳は目標が具体的でないと力を発揮することができません。「がんばる」「いっぱい手を挙げる」などはイメージできないからです。「45分間姿勢を正す」「話を聴く時は相手の顔を見続ける」「３回以上は手を挙げる」など，**数値化**や，**具体的な行動で目標を設定すること**が大切です。

2 目標を書こう！

願いごとは紙に書くことでやる気が増える

スペインのマドリード・コンプルテンセ大学のブリノール博士らの研究によると，自分の考えを書き出すことで，行動や判断に影響を与えることができるということです。

日本では書くことの効果を体験的に知っており，書初めや絵馬，七夕の短冊，小学校の卒業文集など，願いごとや夢を書く文化があります。

夢や願いごとを書いた時，それを達成しているところを想像することができます。想像することで，ドーパミンが放出されて，やる気が出ます。**書くことによって脳をやる気にさせる**ことができます。

毎日のめあてをもつ

朝，連絡帳に今日のめあてを書きます。もしくは1週間単位や1ヶ月単位のめあてを立てます。帰りの会の時に，できたかどうかを確認します。振り返りは**シンプルに○か×にする**ことが継続のコツです。

やりたいことを書く

学期のめあては，学習や生活のめあてが中心となりますが，それに**「やりたいこと」「ほしいもの」**をつけ加えます。書くこと自体が楽しく，見返してみると叶っていることが多くてびっくりします。

目標が抽象的だと……

【授業を一生懸命にがんばる】

「手を挙げなかったし，ノートも丁寧
　に書かなかったけど……うん，まぁ
　がんばったな」

 目標が具体的だと……

【2回は発表する】

「目標通りできた。次は社会の時も発
　表できるようになろう」

【1行あけて書く】

「途中の計算式はもっと丁寧に書ける
　な。大問の時は3行あけよう」

Point　**必ず振り返りの活動を入れる**

　リフレクションでも述べた通り，目標は振り返ることが大切です。目標を立ててそれだけで終わりだと効果は半減します。目標を軽んじる態度も育ってしまいます。目標を立てる時は**振り返りのタイミングや方法も一緒に考えて**おきましょう。

3 クラス全員で 習慣を味方に！

200回で習慣化

習慣化に必要な日数は21日程度と言われていましたが，実際は200回くらい繰り返しが必要だとわかってきています。学校の１年間は大体200日なので，１日１回繰り返して，１年後にやっと習慣化できるようになります。なかなかできるようにならないと思っていることは実は当然だと言えます。しかし，１日の中で数回取り入れることができれば，１年を待たずして習慣化できます。例えば，読書の時間を朝の時間，隙間時間と数回取れば，秋ぐらいまでに200回達成できます。**習慣化させたいものは１日の間に何度も取り組むようにしましょう。**

「行動をきっかけに」習慣化

物事を始める時は活性化エネルギーを使います。このエネルギーを引き出すのが一苦労です。習慣化することで，活性化エネルギーを減らし，活動に集中できます。例えば，音読は高学年になると声を出すことに抵抗を覚え，「えー」「めんどくさい」など，軌道に乗せるのが大変ですが，習慣化することで無理なく声を出すことができます。

習慣化のコツは「行動をきっかけにする」ことです。食前・食間・食後のどこが薬の飲み忘れが少ないかと言えば，食後です。食事が「きっかけ行動」になるからです。

音読の例を続けると，朝の挨拶が終わったら音読，国語の授業の最初は音読，帰りの用意は九九ソングを歌いながらなど，始まりを「きっかけ行動」にすると，習慣化しやすくなります。

習慣化できていないと……

先　生「それでは今日学んだことをノートに書きましょう。４行以上
　　　　かけたらもってきてください」
子ども「えー」
子ども「４行も書けないよ」
子ども「めんどくさいなぁ」

 習慣化できていると……

先　生「それでは，振り返りをどうぞ」
子ども「今日は１ページ以上書くぞ」
子ども「学んだことを３つ書こう。１つ目は……」
子ども「どんなことやったっけ」←黒板を見て学習したことを確認

[Point] 習慣化を導く２つのポイント

　１つ目は，「実行計画」です。「いつ」「どのように」という具体的な
計画を決めておくことで行動に移せます。２つ目は，「簡単にできるこ
と」です。MITのデスロチャーズ博士らの研究によると，**手間がかか
らなければかからないだけ習慣化しやすい**としています。

仲間力を育てると クラスが劇的に変わる！

仲間がいることでやる気が生まれる

　地球には870万種類の生命がいると言われていますが，一方で数え切れないぐらいの生命が消滅しています。消滅した生命には，周りにいる生命と仲良くしなかったという共通点があります。仲良くしないと絶滅の危険性があります。人間の歴史は協力する歴史です。サーベルタイガーをしとめることや，農業など，協力することで豊かになってきました。人間の脳は人がいることで機能する性質があります。**「仲間は，力を発揮するための大切な存在」**と折に触れて伝えるようにします。

仲間力を育てる『学び合い』

　西川純氏の提唱する『学び合い』は，教師が課題を設定し，子どもたちが自分に合った方法で学習する授業です。「学校は人との関わりを通して，その有効性を実感し，より多くの人が自分の仲間であることを学ぶ場である」という学校観と，「子どもたちは有能である」という子ども観をもとに，子どもに学習をまかせます。子どもたちは動き回り，コミュニケーションを取ることで課題の達成を目指します。

　教師は価値や意味の伝達や学習環境づくり，課題の設定など，支援に力を注ぎます。伝える価値は「一人も見捨てない」ことです。

　行事や学活，道徳などで仲間力を育てることができますが，毎日行われ，一日の大部分を占めるのは国語や算数，理科，社会です。これらの授業の中で意識的に**関わり合いの時間を設定することで協力する力をぐんぐん育む**ことができます。

関わり合いがない授業だと……

・殺伐とした雰囲気

「まだプリントの1枚目やってんのか。
　遅いな」

「全然わかんない」

 仲間力が高まっていると……

・和気あいあいとした雰囲気

「わかんないところがあったら言って」

「うん。ありがとう」

「まるしてあげる」

「ありがとう」

「ちょっと教えて」

「いいよ」

「ありがとう」

Point **チームが一つになるプロジェクトアドベンチャー**

　甲斐﨑博史先生の『学級ゲーム＆アクティビティ100』（ナツメ社）に
は**クラス全員が一つになるアクティビティ**がたくさん紹介されています。
クラスに安心・安全の土壌ができることで一人ひとりがのびのびと学校
生活を過ごせるようになります。

5 考えさせるより説明する 時間をつくろう!

教えることは学ぶこと

　記憶には「感覚記憶」「短期記憶」「長期記憶」があります。授業で目指すのは「長期記憶」です。さらに「長期記憶」は,「エピソード記憶」「意味記憶」「手続き記憶」に分けられます。教室の授業で, もっとも強烈なのは「エピソード記憶」です。

　学んだことを人に教えることで, エピソード記憶をつくることができます。「園部さんに説明した」「教室の後ろで教えたところだ」というように, 様々な情報が絡まって記録されるからです。それらがきっかけとなって, 思い出せるようになります。

ペアトークで説明し合う

　代表者が答えを発表したり, 説明したりするのも, 共有化として大事ですが, 時間の制約もあり全員が説明することはできません。

　横や縦の席でペアをつくり, そこで互いに説明し合います。その際,「隣の人とペアで説明し合います。まずは, 廊下側の人がひそひそ声で説明しましょう。窓側の人は合っていたら親指を立てて『よくできました』をしましょう」と伝えます。次の説明は窓側の人からします。その後, 前後ペアで黒板側, ロッカー側の順で説明する等, **ペアで交流する時間に加え, 順番に話すことで全員が説明できる機会**をもちます。

　4人グループや全体の場よりもハードルが低く, 説明のトレーニングになりますし, 前述の『学び合い』の交流にも生きてきます。

できたつもりになっていると……

・テスト中

「あれ，これやったけ」

「確かやったような気もするけど」

「この前は，できたはずなんだけど」

「これよくわかんなかったやつだ」

 ペアトークをすると……

・普段の授業

「あれ，ちょっと待ってよ。よくわかんないなぁ。もう一度教科書読んでみるからちょっと待ってね」

「吉田さんの説明わかりやすいなぁ。そういうことだったのか」

「この説明でいいのかなぁ」

（OK してもらい→「あぁ，よかった」）

「まだよくわからないから家でもう一度解き直してみよう」

Point　説明することのよさ

　説明することで「覚えたつもりが実はあやふやだった」という**無知の知に気づく**ことができます。また，説明することで改めて「理解→思考→記憶」というプロセスを追ったり，口に出して説明することで耳から情報を入れ直すことになったりし，記憶の定着率を高められます。

6 シングルタスクで 集中力を発揮できる

脳は一つのことを行いたい

　脳は，**生物学的にマルチタスクはできない**ことがわかっています。複数のことに同時に取り組むことで，物事を完了するまでの時間が50％増え，間違いをする率も50％高くなるということです。

今やることを黒板でわかるようにする

　①教科書42ページ，②問題集15ページ，③読書
など，やることを黒板に書いておきます。黒板を見て，順番に学習活動を進められるようにします。

　やることを線で区切って，活動内容のところに名前マグネットを置く方法もあります。**進捗状況が可視化**され先生は支援をしやすく，子どもたちは自分や友だちのペースに気づくことができます。

サイレントタイム・サイレントプレイス

　協同的に学習する時間も大切ですが，絵を描きながら話をすることや，質問に答えながら課題に取り組むことが集中力の妨げになることもあります。「これから10分間はサイレントタイムです。一人で静かに学習しましょう」や，「一人で集中して取り組みたい人は机を後ろに移動してください。そこはサイレントプレイスです。サイレントプレイスにいる人は，そっとしておいてください」など，**一人の時間帯や場所を確保**することも集中力アップには必要なことです。

指示を口頭で伝えても……

先　生「まだ水は入れちゃダメだといったでしょ」

先　生「さっき言いました」

先　生「ビーカーを取りにきてない班があり
　　　　ます」

先　生「机の上に筆箱が出ています」

先　生「もう，全然聞いてないん
　　　　だから」

 口頭の説明に加えて，黒板にも指示があると……

①机の上を，整理する。

②さとうを取りにくる。

③ビーカーを取りにくる。

④ガラス棒を取りにくる。

⑤準備ができたらよい姿勢で待つ。

子ども「よし，③まで終わったから，
　　　　次は④だ」

子ども「何するんだっけ。
　　　　あ，そうだ」

Point　おしゃべりタイムとサイレントタイム

　活動の最初からサイレントタイムにすると何をしてよいかわからない子の動きが止まってしまいます。また教師への質問が一気に増えます。まずはおしゃべりしながら活動して，頃合いを見てサイレントタイムに入るようにしましょう。

7 クラス全員で 何かに挑戦しよう！

ステージメソッド

　脳は苦しみを乗り越えられた時に，大量のドーパミンやエンドルフィンが放出され，喜びを感じます。難しいことに挑戦することや**極度の緊張体験で，脳が鍛えられます**。例えば，音読のトーナメント戦「読む−1グランプリ」を行うと，毎回自分の殻をやぶる子どもが出てきます。挑戦することや，承認されることで，大きな自信をもつことができます。

　学校行事に加えてクラスや学年，異学年で舞台を設定します。大きな舞台の設定は，学校生活に彩をもたせることができます。大きな舞台を設定することで深い学びが生まれます。

　ミニオリンピック，百人一首大会，ダンス大会，リコーダー演奏会，句会，絵画展・書写展，クラスマスコット人気投票，お笑い大会，漢字検定試験など，多様な活躍が見られるように様々なものを企画します。

　授業参観や，他クラスや，他学年を招待すること，校長先生や過去の担任の先生をお招きするなどゲストを呼ぶと非日常感もアップします。

ポジティブなフィードバック

　極度の緊張体験は，それだけで大きな学びを得ます。**振り返りはポジティブな面に焦点**をあてます。

　勝敗の判定のみに関心が向きがちですが，大切なことは，一人ひとりへのフィードバックです。勝敗を先に伝えると，感情に支配され，そのあとの話が耳に入ってこなくなります。フィードバックをしたあとに勝敗を告げるようにします。

【読む−1グランプリの方法】

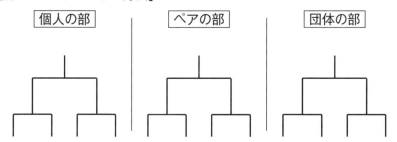

個人の部　　　　　ペアの部　　　　　団体の部

ルール　　・個人の部，ペアの部，団体の部のどれかにエントリーする。

　　　　　　（個人4名，ペア8名，団体は残り全員が定員）

　　　　　・ペアと団体はくじでチームを決める。

　　　　　・事前に詩集から2つ詩を選んで，準備をする。

　　　　　・赤コーナー，青コーナーに分かれ全員2回勝負を行う。

　　　　　・最初に勝つと決勝へ，最初に負けると，3位決定戦へ進む。

　　　　　・ジャッジ：観衆が赤・青札を出して多い方が勝ち。

　　　　　・ジャッジ基準は最初に決めておく（声量・目線・表現など）。

Point　行事と関連させる

　行事とセットにすることで**相乗効果**が生まれます。例えば，学習発表会の前に設定します。読む−1グランプリを行い，表現への意欲や技術を高めた上で，学習発表会を行います。学びを生かしてさらなる成長を遂げることができます。

8 緊張を取って力を発揮する

方法にこだわる

　大きな舞台に立った時，緊張しすぎると，震えや動悸，発汗，赤面，頭が真っ白などの症状が出て，いつもの力が発揮できないことがあります。緊張するのは「自分をよくみせたい」「勝敗」など，結果を意識しすぎて，守りの態勢に入るからです。**結果ではなく，「どのように発表するかにこだわる」**というように，**過程に集中すること**ができれば，過度な緊張を防げます。

本番に近い体験を行う

　いきなり本番だと緊張のあまり力を発揮できないまま終わってしまうことがあります。ペア学年で見合いをしたり，管理職の先生に参観していただいたり，**プレ発表会**を行います。ここで緊張体験を得ることや修正を行うことで，本番は自信をもって挑めるようになります。

呼吸で緊張をコントロールする

　緊張とは，「闘争と逃走の神経」である交感神経の働きが優っている状態のことです。息を吸うと交感神経の働きが高まり，長く吐けば「落ち着かせる神経」である副交感神経の働きが高まります。緊張するとどうしても浅い呼吸になります。緊張を取るには，**ゆっくり時間をかけて息を吐き出す**のが効果的です。

緊張しすぎるとせっかくの発表会が……

「頭が真っ白でセリフを忘れちゃった」

「ボソボソボソ」

「あーセリフとばしちゃってる」

「失敗しちゃだめだ。失敗しちゃだめ
　だ」

　緊張を味方につけると……

「この前3年生にも褒めてもらったし，今度もがんばろう」

「今までで一番の笑顔を出そう」

「深呼吸しよう」

[Point]　緊張を力に変える

　生物は緊張を感じると，集中力を高め，身体能力を上げようとします。過去に，身に危険を及ぼす生物に出会った時に防衛本能として体の機能を高めてきたなごりです。**緊張は高度なパフォーマンス，集中力を発揮するために必要なこと**と捉えることで，力に変えることができます。

9 叱る前にすること

まずは報告を褒める

　授業が始まってからの忘れ物や，遅刻などの報告は，つい小言を言ってしまいがちですが，まず話を聞くようにします。

　「どうして忘れたの！」と叱っていると子どもとの距離が離れます。**脳には行動から60秒以内に起きたことが残ります**。報告後すぐ叱ると，その後しなくなるのは「忘れ物」ではなく「報告」です。

　まずは「教えてくれてありがとう」と褒めることです。「嘘をつく」「ごまかす」「かくす」といったことが起きにくくなります。

間違えていることもまずは認める

　長く叱ることや感情的に怒ることは，百害あって一利なし。子どもの自己保存の本能が働き「嫌な話は聞き流す」という悪習慣が身につくだけです。

　叱る時に大切なことは，**叱る前に共感を示すこと**です。共感を示せば子どもは聞く耳をもちます。

　まずは，話を聞きます。もし間違ったことを言っても，「それでいいと思っているの」「それは違います」と指導するのではなく，「なるほど」「そうか。〜と考えたんだね」「先生もわかる」と共感します。

　それから，「1つだけお願いしてもいい？」「ちょっと考えてみてほしんだけど」と話すことによって，受け入れられやすくなります。

先生がガミガミ叱っていると……

子ども「怒られるの嫌だなぁ」

子ども「忘れたから違うノートに
　　　　こっそり書こう」

まずは認めると……

先　生「忘れたのはよくないけど，きちんと話してくれたのは花丸だ
　　　　ね。次はどうしたい？」

子ども「前の日に用意をします」

子ども「連絡帳をもっと丁寧に書き
　　　　ます」

Point　6秒の壁を乗り越えて

　アンガーマネジメントの考えでは**「6秒間待つと怒りの感情は鎮ま
る」**と言います。この6秒が難しいですが，「職員室に行って戻ってく
る」「ゴミを6つ拾う」など，いくつかワークを決めることや，深呼吸
をしてから話をするなど，意識することで次第にコントロールできるよ
うになっていきます。

10 やってはいけない叱り方 と効果的な叱り方

やっていはいけない叱り方

　絶対に NG なのは，「大声」などの強い刺激で，子どもの脳をフリーズさせる叱り方です。また，「勝手にしなさい」「出て行きなさい」など，子どもを突き放す言葉は心に傷となって残ります。前向きに改善しようとする意欲は出てきません。何も考えられない状態にしてしまっては，せっかくの失敗が学びにつながりません。

叱るのは効果的？

　ドイツのフォン・ヘルベルセン博士らの研究では，叱られて一時的に気落ちした人は，学習能力が上がるとしています。しかし，**「一時的に」**が大事で，「いつも叱られている」人はそうはなりません。心が委縮し，「嘘をつく」「問題から逃げる」「考えることができなくなる」「恨みを募らせる」「反抗がエスカレートする」などの症状が出る場合や，鬱状態になってしまう場合があります。

効果的な叱り方

　①まずは共感する。
　②状況を理解させ，行動の結末を考えさせる。
　③次に取るべき行動を考えさせ，実行させる。
　④改善したことを褒めるなどフォローを行う。

怒鳴り散らしていると……

先　生「いいかげんにしろ！」

子ども「先生って怖いなぁ」

子ども「そんなに怒らなくても
　　　　　いいのに」

子ども「目黒君がかわいそう」

 一緒に解決方法を考えていると……

子ども「先生，今日も宿題やってきたよ」

先　生「３日連続でできたね。先生もうれしい」

子ども「帰ってすぐにやるようにしているんだ」

先　生「いいね」

[**Point**] **話す際のポイント**

　大事な時ほど，**大声ではなく「ささやき声」で話す**方が，相手の心にメッセージを届けることができます。息を吐いてから声を出すと，物理的に大きな声が出せません。息を吐いた後で話し出すと，気持ちをコントロールしやすくなります。

11 ご褒美で集中力アップ

ご褒美はあげてもいいのか？

　「○○したらご褒美をあげる」は大脳基底核の淡蒼球を刺激します。脳が**「ご褒美が得られそうだ」と期待していることはやる気につながります**。ポイントは「得られそう」であって，得た時よりも，「過程」に対してより意欲をもちます。スマホゲームのガチャにハマってしまう人が出るのはこの心理からです。ご褒美はサプライズではなく，事前に伝えておく方がより意欲を高められます。

達成感というご褒美

　ご褒美は，賞状やクラスパーティなど，目に見えるものである必要はありません。**何かをやり遂げたという「達成感」もご褒美です**。例えば，スケジュール表に勉強をやり終えた部分をチェックすることや，記録表で成長を実感すること，終わったノートを積み重ねるなど，目標を達成した時に感じる喜びは最高のご褒美になります。「ここまでできたらいいね」といった学習目標を設定することで達成感というご褒美を得ることができます。

褒めるというご褒美

　みんなの前で音読や漢字を褒められた子どもは，その「快」をまた得ようとして，練習を繰り返し得意になっていきます。**子どもの脳にとって，わかりやすい報酬は「褒められる喜び」「認めてもらえる喜び」です**。特に思考する前頭葉が十分に発達していない低学年には効果的です。やる気を高めるために，褒めることを重視しましょう。

達成感を意識しないと……

「今日の宿題の日記何を書こうかな。
　いつもと同じゲームのことでいいや」

 達成感を意識できると……

「No.100！　今日で100日目だ。
　100回記念で特別なことを書こう。
　色も丁寧にぬろう。
　次は200回目指してがんばろう」

Point　よりよいご褒美とは

　よりやる気になるご褒美は，物のプレゼントではなく，**目的や目標を成し遂げた達成感だったり，人の役に立ったりすること**です。

　脳にとっては，「自分だけよければいい」という気持ちよりも，「みんなの喜ぶ顔がみたい」「クラスに貢献しよう」という気持ちの方が，よりよい「快」を生み出します。

12 褒めるワザ！

叱るをやめ，褒めるを増やす

指導方法には「アメとムチ」の話があります。「アメ」は褒める，「ムチ」はきつく叱ることです。しかし，ある研究では，「アメとアメなし」の指導法の方が効果的という結果がでました。指導したことができた時は「褒め」，できないときは「褒めない」という方法です。**ミスは，分解・細分化し，指導を繰り返していきます。**

なぜ「ムチなし」がいいかと言うと，「ムチ」を使うと，マイナス面に意識が向き過ぎることや，雰囲気が悪くなること，人間関係に溝ができることなどがあげられます。

褒め方３原則「褒める力を心事な細（しんじなさい）」

褒め方３原則は「心から」「事実を」「こまめに」（心事な細）です。

「全部できるまで褒めない」と，最後までできる子しか褒めることができません。ずっとアメなしの状態です。また結果だけ褒めていると，勝ち負けに意識を向かわせ，利己主義を増長させてしまいます。

わずかな改善でも見つけ，褒めることが意欲につながります。「もう２ページやったの」「名前を丁寧に書いているね」など達成状況を言葉にします。承認からは，「うれしい」「自信になった」，という気持ちが生まれます。認めてもらえていることが伝わると安心し，やる気が高まります。

気づいた事実を認めていると……

子どもは褒められた言葉を聞いて真似をしようとする

Point　事実を探す

　「おだて」には事実が伴わず，「褒め」には事実が伴います。自分がよいと思ったこと以外は，ムリに褒める必要はありません。逆に**「よい」と思ったことがあれば，すぐ褒める**ようにします。思ったことをすぐに伝えることが子どもの心にも響きます。

コラム 食事で集中力を高める

　体は口から入れたものでできています。もちろん脳も同じです。食べるものによって，脳のパフォーマンスは変わってきます。食事を意識することで，健康になったり，集中力や記憶力を高めたりできます。

　現在様々な研究で体にいい，脳にいい食べ物が明らかになっています。その情報をシンプルにまとめました。授業に関連させることや，懇談会や学年便り等でのご家庭への情報提供，また先生ご自身のパフォーマンスを高めることにご活用ください。

カテゴリー	特にオススメ食品例
魚	サバ，サケ，イワシ，ニシン
野菜	ブロッコリー，ニンジン，トマト，キャベツ，ゴボウ，オクラ，ほうれん草，きのこ類，豆類，海藻
果物	バナナ，リンゴ，ブルーベリー，キウイフルーツ，オレンジ・レモン（柑橘類），ミックスベリー，
オイル	アマニ油，加工していないオリーブオイル
ナッツ	クルミ，アーモンド，マカダミア
発酵食品	納豆，プレーンヨーグルト，キムチ
茶色い炭水化物	玄米，雑穀米，大麦，オートミール，そば粉

体と頭によい７つの食品カテゴリー

第4章

さらに集中力を高める とっておきのワザ

学級でのプラスαの取り組みが
さらなる集中力を引き出します。
学級に彩を添えます。
学級をもっと楽しく学びのある空間にする
ワザを紹介します。

1 全力を出すと 1年後には30倍に

完璧を目指す

　脳は，「できた」と思った瞬間，集中力が途切れてしまいます。まだ完全に終わっていないのに，**「だいたいできた」と考えた時，脳はお休みモード**に入ります。図工の時間でも一度できたと思うともう気持ちが次に移ってしまうということがよくあります。

　「だいたいできた」で終わらせていると，思考がゆるんだ状態となり，テストで言えばケアレスミスに気がつきません。

　「できた」と思わせないためには，「まだできていないことを探す」という姿勢や，最後こそ「ここからが大事」だという意識，振り返りでは，がんばったからOKではなく「解決策まで出す」という考えをもつことです。完成までのスピードが上がるだけでなく，仕上がりもよりよいものになります。

全力を出して地力をアップする

　物事に対して常に手を抜かず，全力で取り組むことで，脳がもつ力を最大限に発揮できます。少しずつの変化が大きな変化になります。

　「1％の改善を続けると，1年で37.8倍」になります。なんと30倍以上です。逆に1％の怠惰を続けると，1年後は0.026倍の力になってしまいます。「1年後どうなっていたい？」と問い，掲示しておきます。掲示を見るごとにスイッチが入ります。

とりあえずやったとしていると……

間違えているテスト用紙にもかかわらず，

「終わったー。結構簡単だったな。今日は何して遊ぼうかな」

 完璧を目指す姿勢でいると……

「よし，ここからがスタートだ。前に計算を間違えていたから，今日
　はもう一度解きなおそう」

[Point] **全力の快を体感する**

　体をダラッとした状態にして「おはようございます」を言って感想を
交流します。次に，もっともよい姿勢をつくり，出せる力を全部出して
「おはようございます」を言い，感想を交流します。**2つを比べること**
で全力を出すことの心地よさを実感できます。

2 いい言葉を潜在意識に

必勝集中力大学 !!

　「がんばっているね」「いいね」など，気持ちが高まる言葉が目に入ると，意識していなくても，自然と気合が入っていきます。受験生が「必勝○○大学」と書いて机の前に貼るのは，意欲を高める効果があるからです。**理想の姿を目や耳にする機会を増やすことで，潜在的な能力を引き出すことができ**ます。

毎朝言われてうれしい言葉を唱える

　「ありがとう」「さすが」「一緒に遊ぼう」など，言われてうれしい言葉「ふわふわ言葉」を掲示します。その**言葉を朝，一人10個選んで唱えます。**同じものを10回言ってもいいですし，違うものを10個言ってもいいです。

　わずか数秒の時間ですが，全員が言い終わる頃には教室が温かい雰囲気につつまれます。

日めくりカレンダー

　格言，スポーツ選手，教育関係者，芸能人など，たくさんの種類の日めくりカレンダーが販売されています。その中で教室の実態に合ったものを購入し，掲示します。朝の会で日直や全員で音読することで，気持ちが高まったり，共通するめあてをもてたりします。大きめのサイズのカレンダーを黒板に貼っておくと**日付を見るたびに，潜在意識によいメッセージが流れてきます。**

　慣れてきたら，自分たちで日めくりカレンダーを作成しましょう。

【やる気を引き出す言葉集】

いつやるか？　今でしょ！　林修

理想を持ち，信念に生きよ。　織田信長

おもしろきこともなき世をおもしろく。　高杉晋作

世に生を得るは事を為すにあり。　坂本龍馬

大丈夫，大丈夫。　斎藤一人

笑われて，笑われて，つよくなる。　太宰治

問うてはならない。ひたすら進め。　ニーチェ

人を信じよ，しかし，その百倍も自らを信じよ。　手塚治虫

また挑戦すればいいじゃないか。　ウォルト・ディズニー

恐れてはならない。君の心に響く，小さな声を信じ給え！　ガンジー

自分のことを，この世の誰とも比べてはいけない。　ビル・ゲイツ

終始一貫，勇気勇気で押し切るのだ。　中村天風

われわれのミッションは何か。　P. F. ドラッカー

旅の過程にこそ価値がある。　スティーブ・ジョブズ

学問とは，人間はいかに生きていくべきかを学ぶものだ。　吉田松陰

もう一歩。いかなる時も自分は思う。もう一歩。　武者小路実篤

天才とは努力する凡才のことである。　アインシュタイン

Point　心は言葉でつくられる

　いい言葉の代表的な実践は菊池省三先生が提唱している**「価値語」**です。『価値語100ハンドブック』（中村堂）には，「価値ある無理をせよ」「不格好の美しさ」「超一流になろう」「沈黙の美しさ」など考え方や行動をプラスの方向に導く言葉がたくさん紹介されています。価値語は伝えてからがスタートです。ノートに写したり，黒板の端に書き残したり，短冊で掲示したりして，繰り返し価値が伝わるようにします。

3 言葉の力で やる気アップ！

愚痴はストレス発散どころか……

「疲れた」「無理」など，否定的な言葉は，自分が言っても，周りの人が言うのを聞いても，脳にとっては悪い影響しかありません。

前述の「原則5 好き嫌いが集中力を決める」の通り，脳が情報にマイナスのラベルを貼ることにより，思考力や記憶力が下がったり，脳が疲れたりして，集中力がダウンします。ミスが増えたり，時間が多くかかったりしてしまいます。学習活動に取りかかる前に愚痴などの**否定的な言葉を言うのは百害あって一利なし**です。

ダラダラ言葉

言われるとうれしい気持ちになる「ふわふわ言葉」，心が痛くなる「チクチク」言葉がありますが，それに加えてやる気をなくす「ダラダラ言葉」があることを子どもたちに伝えます。

「『無理』とか，『えー』，『おもしろくない』など，マイナスの言葉を知っていますか？」。「やだ」「最低」「つまんない」「べつに」「だるい」「めんどくさい」など，様々出てきます。それらを全部板書して，「ではみんなで読みましょう」と読み上げます。「どんな気持ちになりましたか？」。「暗い気持ちになった」「やる気がなくなった」などの答えが返ってきます。

「このやる気をなくす言葉を『ダラダラ言葉』と言います。増やしたいですか，減らしたいですか？」

「ダラダラ言葉」の考えを共有することで，愚痴などの否定的な言葉が劇的に減ります。

【キラキラ言葉】	
絶好調！	やってみたい！
まかせろ！	最高！
おもしろそう！	いっちょやってみっか！
イイネ！	やっぱり……やる！
Jump In!	海賊王になる！
それ大好き！	界王拳10倍だ！
ファイト一一発！	いくぞう！　やるぞう！
全集中！	本当の姿を見せてやろう！

【ふわふわ言葉】	
ありがとう	イイネ！
やさしいね	上手だね
センスいいね	大丈夫？
一緒に遊ぼう	ごめんね
大好きだよ	がんばって！
スゴイね	おめでとう！
さすが！	ドンマイ!!
信じてるよ	

「やってやれないことはない」
「よし，いっちょやってやるか」

Point ダラダラ言葉とキラキラ言葉

　対概念を出すことによって，物事の理解が進みます。ダラダラ言葉を学んだ後は，逆にやる気が出る言葉も一緒に考えます。「よしっ」「やるぞ」「絶好調」「まかせろ」「おもしろそう」「楽しそう」「最高」「できそう」「ネーヴァーギブアップ」「界王拳」「全集中！」など様々です。読み上げた後，「これを**キラキラ言葉**と言います」と教え，掲示しておきます。

4 「何を言うか」より 「誰が言うか」

先生次第で集中力が変化する

　先生のことを嫌いだと，脳はその話の内容にも「嫌いだ」というラベルを貼ってしまいます。子どもたちに嫌われてしまうと，いい言葉や大切な情報が届かなくなってしまいます。

　逆に言うと，**先生のことが好きだと，その先生の話をよく聞き，「がんばろう」という気持ちまでも，引き出すことができます。**

嫌われないための努力

　「これをすれば好かれる」はありませんが，**「これをすれば嫌われる」**はたくさんあります。子どもたちと心が離れたと感じた時は，自身の言動を振り返って改善することが大切です。客観視することが難しい場合は同僚にアドバイスしてもらうのもいいでしょう。また，子どもたちからアンケートをとるのも効果的です。長所と短所に気づくことができます。

好かれるための努力

　人は，自分に好意をもってくれる相手に好意を抱く傾向があります。**「まずは自分から好きになること」**そして**「その気持ちを態度に表すこと」**です。すると，相手も自分を好きになり，そのことで自分もさらに相手を好きになるという好循環が生まれてきます。

　好きになるコツの一つは，共通項をできるだけ多くもつことです。コミュニケーションを取ることが距離を縮める第一歩です。

きちっとした格好はそれだけで空気が引き締まる

・服装

・姿勢

・髪型

・鍛えている　など

先　生「ここは大事なところだからね」

子ども「よし覚えよう」

子ども「家でも復習しよう」

子ども「がんばっているところを見てもらいたい」

Point　**まずは信頼される教師に**

　おもしろい授業や一緒に遊ぶことも大事ですが，一番の魅力は憧れを抱いてもらえることです。野口芳宏先生は『教師の心に響く55の名言』（学陽書房）で，**「信・敬・慕」が大切**だと述べています。まずは信じられ，頼られること，次に尊ばれ，敬されること，最後に親しまれ，慕われることです。

5 よく遊ぶと学習も集中力アップ！

メリハリが集中力を高める

「All work and no play makes Jack a dull boy」の言葉通り，とにかく勉強すればいいというわけではありません。脳を休ませることも大切です。学んだ情報は休むことで整理されます。

脳を休ませるのは，ボーッとして過ごすということだけではありません。むしろ，**使わなかった脳の部分を使うことによって積極的に休ませる**ことができます。隙間時間や停滞した時間にはミニゲームがおすすめです。

休み時間にはみんなでできる遊びを提案

休み時間の鬼ごっこやドッジボールなどは，人気の遊びですが，苦手な子もいます。

みんなでする遊びは，日によって変えます。子どもたちに任せると同じ遊びに偏ってしまいがちです。**遊びのレパートリー**を紹介することで遊びたい気持ちにも火をつけられます。例えば，長縄，大縄，だるまさんが転んだ，だるまさんの一日，増え鬼，氷鬼，ドロケイ，Ｓケン，ドッジボール，すごろく，かるた，ダンスなど，みんなでできる遊びがおすすめです。

また，みんなが楽しめるルールを取り入れることで，全員が参加できるようになります。例えば，ドッジボールでは，「男子は利き腕で投げるの禁止」「女子と男子のコート面積9：1」「女子専用ボール（男子はキャッチしても女子の外野に転がす）」「女子は全滅で負け，男子は大将が当てられたら負け」「ソフトボールを4つ」など，ルールを加えて楽しみます。

あそびリスト 1～100　　　　　　　　　　名前（　　　　　　　　　）

No.	場	遊びリスト	行った感想
1	内	スーパーじゃんけん	
2	内	リズムじゃんけん	
3	内	王様じゃんけん	
4	内	顔（全身）じゃんけん	
5	内	背中合わせじゃんけん	
6	内	反対じゃんけん	
7	内	後出しじゃんけん	
8	内	両手じゃんけん	
9	内	全力じゃんけん	
10	内	カウボーイじゃんけん	
11	内	7−11じゃんけん	
12	内	5人じゃんけん	
13	内	サンマ、ジュース	
14	内	多い勝ち	
15	外	鬼ごっこ	
16	外	どろけい	
17	外	ダブルどろけい	
18	外	バナナ（氷・電子レンジ）鬼	
19	外	ふやし鬼	
20	外	影ふみ	
21	外	ヴァンパイア	
22	外	三色おに	
23	外	チーム鬼	
24	外	全員鬼	
25	外	ロシアンルーレット	
26	外	しっぽとり鬼ごっこ	
27	外	じゃんけんキング	
28	外	じゃんけんクイーン	
29	外	じゃんけんとりで	
30	外	スポーツ鬼ごっこ	
31	外	追いつきリレー	
32	外	新聞ボールリレー	
33	外	あみだドンじゃんけん	
34	外	イモムシガード	
35	外	だるまさんがころんだ	
36	外	はないちもんめ	
37	外	メディシングボール	
38	外	ドッジボール	
39	外	王様ドッジ	
40	外	得点ドッジ	
41	外	ヒーロードッジ	
42	外	フラフープドッジ	
43	外	4色ドッジ	
44	外	Sケン	
45	外	戦闘中	
46	外	ハラハラ壁抜けゲーム	
47	外	大根抜き	
48	外	白菜はがし	
49	外	押しずもう	
50	外	だるまずもう	

No.	場	遊びリスト	行った感想
51	内	拍手3大原則	
52	内	パチパチスマイル	
53	内	レッツリズム	
54	内	絶好調!	
55	内	チクサクコール	
56	内	フィストバンプ	
57	内	テレパシー	
58	内	肩たたき	
59	内	ネームコール	
60	内	10秒自己紹介	
61	内	ネームトス	
62	内	よろしくゴー!	
63	内	となりのとなり	
64	内	アニマルポーズ	
65	内	パタパタ	
66	内	たけのこにょっき	
67	内	てんぐの鼻	
68	内	スモールナンバー	
69	内	人間タイマー	
70	内	鼻下&頭上命令ゲーム	
71	内	前後左右	
72	内	くっつくれんぼ	
73	内	せの	
74	内	マッチ棒	
75	内	同じじゃやーよ	
76	内	カウント10	
77	内	アタックNO.1	
78	内	なんたる偶然	
79	内	違うが勝ち	
80	内	同じが勝ち	
81	内	リストアップ	
82	内	絵心選手権	
83	内	新聞島	
84	内	ゲット ザ ハンカチ	
85	内	ダイナソーゲーム	
86	内	ペーパータワー	
87	内	コインおくり	
88	内	聖徳太子ゲーム	
89	内	爆弾ゲーム	
90	内	ハンカチ落とし	
91	内	宝探し	
92	内	ジェスチャーゲーム	
93	内	じゃんけん列車	
94	内	震源地ゲーム	
95	内	伝言ゲーム	
96	内	椅子取りゲーム	
97	内	フルーツバスケット	
98	内	人間知恵の輪	
99	内	猛獣狩り	
100	内	催眠術師	

[**Point**] **クラス遊びを設定する**

　月に数回クラス遊びの日を設定します。その中で色々な遊びを紹介すると，決められた日以外もクラスで遊ぶようになってきます。また，**あそびリストをつくって渡す**のも効果的です。あそびリストは見出しだけで十分です。わからない遊びは興味をもって聞きにきてくれるでしょう。

6 探求心を育てる

好奇心を育てる

　本能にある「知りたい」という欲求は，何にも勝る学びの原動力となります。学ぶ喜びを知ると，もっと学びたいというプラスの循環が生まれます。「気づいたら時間が経っていた」という集中力は探求心がなせるわざです。専門知識も身につき，強みも育まれます。

プロジェクト学習（PBL：Project Based Learning）を行う

　学習者が，調査研究，ものづくり，演劇といった**魅力的な共通の目的を期限内に達成する**ためにチームで取り組み，その過程で必要な知識やスキルを獲得していく教育方法です。国語のプレゼンやスピーチ，理科の研究，社会の調べ学習，総合的な学習の時間など様々な場面で活用することができます。

自主学習ノートで探求する

　学校のカリキュラムで個々人が，探求する時間を確保することは難しいですが，家庭での自主学習ノートならできます。

　自主学習ノートとは，漢字や計算，日記，絵，調べ学習など，自分で考えた学習をノートに行うというものです。**自分で課題を見つけ，追求する力が育ち，思考力や表現力など，社会人として必要な力が身についていきます。**絵が好きな子は絵がもっと好きになり，飛行機が好きな子は飛行機博士になっていきます。

　右頁上は，木附隆三氏の実践を参考とした，「自学の達人　チャレンジノート」です。

自学の達人　チャレンジノート　　名前（　　　　　　　　　　）

自学の達人への道　7箇条

① 自学は「自分を成長させる」最高のアイテムです。興味のあることからLet's GO！
② (1)日付　(2)No.(3)時間　(4)めあて　(5)ふりかえりを書こう。
③ 毎日ほんの少しでもパワーアップできる自分であればきっと大きく成長できる。
④ 日記は「したこと」だけでなく「考えたこと」も書けるといいね。
⑤ 答えを書いたら、赤でまるつけして、まちがい直しもしておこう。それは大事。
⑥ ワクワク・バッチリどっちも大切。オリジナルメニューも大歓迎、教えてね。
⑦ NO.100を目指そう。全部のメニューに挑戦しよう（挑戦したらチェックしよう）。

ワクワクメニュー

- □ わたし(ぼく)の〇〇紹介
- □ 素敵な友達紹介
- □ 不思議に思って調べたこと
- □ 〇〇を見て、思いつくこと10
- □ 明日の目標ベスト3
- □ 好きな〇〇ベスト5
- □ 今日の俳句「五七五」(意味も)
- □ おすすめの本の紹介
- □ 都道府県と県庁所在地を調べて書く
- □ 歴史人物調べ
- □ 〇〇〇の観察(植物、動物、天気など図と説明)
- □ お料理調べ(調理)
- □ お手伝い(やったこと・気づいたこと)
- □ 家族の人と話したこと
- □ 5行日記、10行日記
- □ できるようになった(がんばった)こと日記
- □ 学校に生活について(係、当番、掃除、日直)
- □ 先生あのね「先生あのね……」で始まる文
- □ うそ日記(最後に「うそだよ」と言う)
- □ 友達のいいところ、がんばっていたところ
- □ 今日の反省(次は〇〇しよう)
- □ 今、うれしいこと
- □ 今、こまっていること
- □ 本の感想
- □ 行事のふりかえり
- □ 自分が発見したこと
- □ 自分の家族について(ペットも)
- □ 思い出のできごと、人、もの
- □ ぼくの夢、わたしの夢
- □ 4コママンガ
- □ 自分の10、20、30年後は
- □ 身近なものの紹介(自分の宝物など)
- □ 先生観察日記、先生に注文、アドバイス
- □ これまでの自学をふりかえる
- □ レッツスケッチ(よ〜くみてリアルにかく)

バッチリメニュー

- □ 今日の授業の復習
- □ 教科書(参考書)写し
- □ 今日の授業で言いたかったこと
- □ 明日の予習、明日の授業で言いたいこと
- □ テストのまちがいなおし
- □ 算数ドリル
- □ 漢字ドリル
- □ まちがえやすい漢字あつめ
- □ 漢字クローズアップ(「はね」の漢字集め)
- □ 画数の多い漢字集め、(　)画の漢字集め
- □ 同じ部首の漢字集め
- □ 漢字熟語しりとり、漢字の部首しりとり
- □ 漢字を使った短文作り
- □ 回文、反対言葉、四字熟語、ことわざ集め
- □ 視写(詩や物語や教科書を写す)
- □ まちがえやすい計算問題5つ
- □ まちがえやすい算数の文章問題5つ
- □ 算数の文章問題づくり(式と答えも)
- □ 資料集まとめ(特産品、地形、各種データ)
- □ 〇〇〇特集！(虫、花などの自然や科学のこと を本や百科事典等でどんどん調べて書く)
- □ タイムスリップ(前の学年の復習)
- □ 家でやっている問題集(問題と式と答え)
- □ 〇〇〇と△△の違い
- □ 最近のニュースから(新聞を切り抜き、貼り 付け、コメントも。新聞名、日付も書こう)
- □ 勉強なぞなぞ、勉強クイズ
- □ テストの予習
- □ 理科の実験手順
- □ 暗記学習
- □ ローマ字・英語練習
- □ 学校のプリントや塾のプリントを貼る

Point　**自学メニューを一緒に**

　いきなり自由に学習してくださいと言われても何をしていいかわかりません。まずは授業でミニレッスンを行ったり，自学メニューのリストを渡したり，**軌道にのるまでサポート**します。詳しくは伊垣尚人先生の『子どもの力を引き出す自主学習ノートの作り方』（ナツメ社）で紹介されています。

7 読書は脳のサプリメント

読書の無限の効用

　読書では，イメージ化や，得られた情報から自分の考えを構築することなど，創造的な能力が育まれます。教養が身につき，語彙力が増え，ストレスは軽減されます。また脳の前頭葉が鍛えられ，コミュニケーション能力や論理的思考力が高まります。読書はメリットだらけです。

　特に伝記は先人の偉大な知恵，普遍的な知恵を学ぶのに最適です。

【読書習慣を生み出すワザ】

(1) 本を身近なものにする

　私のクラスでは，学級文庫に200冊以上置いています。すぐに手に取れることは読書への意欲につながります。一度に全部紹介するのではなく，小出しに出すと，その都度ブームが起きます。

(2) 隙間時間は読書

　必ず机の中に本を１冊以上入れておきます。時間があったら自習か読書と決めておくと，読書習慣が身についていきます。

(3) 読書カード

　読んだ本をカードに記入していきます。日付，タイトル，簡単な評価だけ等シンプルなカードが継続のコツです。

(4) 読書イベント

　ブックリストを作成して交換，ビブリオバトル，読書会，リーディングワークショップなど読書していてよかったと感じられるイベントを行います。

【読書カード例】

表表紙

読書カード

裏表紙

読めば 読むほど 本当に 賢くなる 読書

<一年生編>
◎ 1年生のときに 読んだ 冊数 （　　　）冊

特によかった本	
特によかった本	
特によかった本	

<三年生編>
◎ 夏休みまでに 読んだ　　冊数 （　　　）冊

一番よかった本	

◎ 夏休みの終わりまでに 読んだ 合計冊数 （　　　）冊

一番よかった本	

◎ 冬休みまでに 読んだ 合計冊数 （　　　）冊

一番よかった本	

◎ 冬休みの終わりまでに 読んだ 合計冊数 （　　　）冊

一番よかった本	

◎ 2年生で 読んだ 合計冊数 （　　　）冊

特によかった本	
特によかった本	
特によかった本	

見開き左側

読めば 読むほど 本当に 賢くなる 読書

名前（　　　　　　　）

	読み終わった日	本 の 名 前	
1	月　日		
2	月　日		
3	月　日		
4	月　日		
5	月　日		
6	月　日		
7	月　日		
8	月　日		
9	月　日		
10	月　日		

1 冊読めたら天才！　10冊読めたら大天才！

一番よかった本	

見開き右側（紙を貼り足す）

Point　まずは読み聞かせから

　読書へのいざないとして，最良のものは読み聞かせです。低学年はもちろん高学年でも読み聞かせは大好きです。読み聞かせの方法やおすすめの本は，多賀一郎先生の『一冊の本が学級を変える　クラス全員が成長する「本の教育」の進め方』（黎明書房），石川晋先生の『学び合うクラスをつくる！「教室読み聞かせ」読書活動アイデア38』（明治図書）に詳しく紹介されています。

第4章　さらに集中力を高めるとっておきのワザ　　99

8 速読トレーニングで脳を鍛える

速読トレーニングで脳トレ

　速読とは，文章を速く読むことです。速読は脳を鍛えるトレーニングでもあるため，広い視野がもて，集中力や記憶力，理解力，さらには，身体能力まで鍛えられると言われています。

　読書速度の速い方が偏差値も高いことがわかっています。東大や京大などの難関大学合格者の読書速度は1,500～2,000文字／分で日本人平均の約2～5倍の速さという結果が出ています。

眼球トレーニング

　きちんとした速読トレーニングは速読教室や書籍，DVDなどで学ぶ必要がありますが，簡単にできるものは教室でも取り組めます。私が取り入れているのは次の4つです。

　①目を右左交互に6秒間動かす

　②目を上下交互に6秒間動かす

　③ピントを手前と奥，交互に6秒間合わせる

　④まっすぐ前を向いたまま，視界を10秒間広げていく

　毎日1分程度のトレーニングですが，このトレーニングを行った後は，読書のスピードが上がります。また，百ます計算の記録が伸びたり，速音読の記録が伸びたり，集中力が発揮されているのが実感できます。

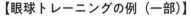【眼球トレーニングの例（一部）】

・目の横にくるように両ひとさ
　し指を立て，目だけ左右に動
　かす

・おでことあごの前にひとさし
　指を出し，目だけ上下に動か
　す

　　速読トレーニングをして読書をすると……

「集中して読めるぞ」

「いつもよりぐんぐん読める」

「今月はもう15冊読んだ」

「２冊借りよう」

Point **注意点**

　過度のトレーニングは目の疲れにつながるので，**１日１回程度**にしま
す。また，目に疾病（網膜剥離，緑内障，白内障）や光過敏症の症状が
ある子どもや，コンタクト着用者がいる場合は，目に負担がかかるので
教室では扱わないようにします。

9 感動すると集中力が磨かれる!

感動する力で脳がパワーアップ

　新しい知識に触れた時に,「すごい」と感動することはとても大切です。感動することで大脳基底核にある「尾状核」を刺激します。**気持ちを動かすことで,判断力や理解力を高める**ことができます。

感動の「あいうえお」と「はひふへほ」

　知らないことに出会った時「すごいなぁ」「おもしろいなぁ」などと**気持ちを動かす習慣をもつことで,感動する力が育まれます。**

「あぁあぁ（なるほど）」　　「はぁーっ（なるほど）」

「いいねぇ」　　　　　　　　「ひー（すごい）」

「うーん（すごい）」　　　　「ふーん（びっくりした）」

「えー（すごい）」　　　　　「へー（なるほど）」

「おー（すごいなぁ）」　　　「ほー（すごい）」

など,感動の「あいうえお」と「はひふへほ」を知らせ,相づちに加えていくと,感動できる場面が増えていきます。

すごいよ!　列挙

　「かけ算は何がすごいでしょう」「紺野さんは何がすごかったでしょう」など,単元のまとめや活動の後で,すごさを尋ねます。聞かれることが続くと,すごさを見つける力が磨かれていきます。

先生が単調だと……

子ども「これで発表を終わります」

先　生「はい，次」（そっけなく）

子ども「終わった終わった」←終わった子

子ども「次の次だ」←発表前の子

子ども「今日の給食なにかなぁ」
　　　　　↑見ている子

※関心が自分にしか向いていない

先生が感動すると……

先　生「いやー，おもしろかった。さすが幸野さん」
　　　　（パチパチパチパチ）

子ども「僕も同じようにやってみよう」

子ども「素敵な発表だったなぁ」

子ども「私もがんばろう」

Point 見ること，うなずくことから

　いきなり相づちが難しい場合は，しっかり話し手を見ること，**うなずくことから始めます**。ペアトークの時に，「うなずいて聞けた人？」と簡単に挙手の時間を取ります。リアクションしながら聞くよさが実感できると次第に相づちも打てるようになります。

10 笑顔をつくって前向きな クラスをつくる!

努力してでも，笑う

　笑顔は，前向きな感情を生みます。心から笑わなくても効果は同じ程度発揮されます。これは顔の筋肉と表情をつかさどる「尾状核」が密接に関連しているからです。努力してでも笑顔をつくると，「尾状核」を刺激でき，脳の力を発揮できます。また，脳のパフォーマンスを落とす否定的な感情が生まれにくく，ストレスホルモンの分泌を抑え幸せを促す科学物質を出したり，免疫力を高める細胞を生み出す効果もあります。

自然に笑顔を引き出すには

　楽しかった出来事を思い返すと，気持ちを前向きにきりかえることができます。雰囲気を明るくしたい時は「Good & New」を行います。これは，24時間以内にあったよいことを伝え合うものです。「信号がすぐに青になった」「朝オレンジジュースだった」など些細なものでも構いません。小グループで順番に言っていくことを数分間繰り返すと，どんどん笑顔が溢れてきます。

　発表毎に，**周りのメンバーが両方の親指を立てて「いいねっ!!」**と反応するとさらに笑顔の花が開きます。

> **Point** 笑顔はうつる
>
> 　脳にはミラーニューロンという細胞があって，見たものをまねるという性質があります。
> 　子どもたちが一番見る機会が多いのは先生の顔です。**先生が笑顔になること**で，子どもたちの笑顔が引き出されます。

【笑顔トレーニング5選】

〈スキスキトレーニング〉

① 「ス」の口の形を5秒キープ　※声も出します

② 「キ」の口の形を5秒キープ　※目尻が下がるようにする

③ ①②を5回繰り返す

④ 「ス」と「キ」を素早く繰り返す（10回×3セット）

〈口角上げトレーニング〉

① 口を閉じて口角を上げたまま，頬の筋肉を20回上下させる

② 歯をみせながら口角を上げて，頬の筋肉を20回上下させる

〈ウィンクトレーニング〉

① 右目だけをしっかり閉じる（5秒）

② 左目も同様　※自然に口角も上に引っ張られるようにする

③ 左右の動きを素早く繰り返す（10回×3セット）

〈「に〜」トレーニング〉

① 目の前に赤ちゃんが微笑んでいるイメージをする

② 赤ちゃんに両手を大きく振りながら「に〜」と大きな声を出す

〈全力笑いトレーニング〉

「フフフ」「ハハハ」「ハーッハッハ！」とクラス全員でとにかく笑う

11 感謝は行動に影響する

感謝することで脳力アップ

　カリフォルニア大学のブレインズ博士らが，実験を行ったところ，「感謝の気持ちをもつワーク」を行ったグループの人たちは1.1〜1.5倍意欲的に学習を行ったということです。感謝の気持ちが行動にも変化を与えることがわかってきています。

　カリフォルニア大学のロバート・エモンズ教授らが"感謝と幸福"に関する調査を行ったところ，**人は感謝することで幸せになり，物事をうまく処理できるようになる**ことを発見しました。

　感謝することで，人生をよりよいものと感じ，前向きな気持ち，やる気，決断力，注意深さ，活力，他者とのつながりなどの改善が見られます。

感謝日記

　今感謝していることを３〜５つ書きます。内容はどんな小さなことでも構いません。感謝することに慣れていないと少し時間がかかるかもしれませんが，続けることで感謝へのアンテナが立ち，書くことができるようになります。感謝は心から思っていないことを書き出しても意味がありません。本当に感謝していることを書き出すことが大切です。

　最初の頃は，机間支援をして，はやめに書き出している子の内容をいくつか取り上げ，紹介するとよいでしょう。イメージをもつことができ，書くヒントになります。

当たり前の気持ちで過ごしていると……

「これ，誰の鉛筆？」

　→誰も持ち主があらわれない

 感謝日記をつけていると……

「今書いている鉛筆もお父さんが私たちのために働いてくれているからだ。大切にしよう。字も丁寧に書こう」

「いつも早川さんがノートを配ってくれているな。今度は僕も配ってみよう」

Point　週に一度のペースで

　感謝日記は無理して毎日行う必要はありません。**効果を最も実感できるのは週に一度のペース**と言われています。まずは行事の後や長期休業の前後，月末，席替えの前などの節目で行うと気づきが多く書きやすいでしょう。

12 幸せが脳の パフォーマンスを高める

日本は幸せ？

　「世界幸福度報告書」（World Happiness Report 2020）によると，世界で**「最も幸せな国」は３年連続でフィンランド**，以下，デンマーク，スイス，アイスランド，ノルウェーと北欧諸国が中心に上位を占めました。日本は世界ランキング62位で，G７諸国では最下位となり先進国中「幸福度最下位」と言われています。

　日本で評価が特に低い項目が「主観満足度」です。これは，人生が楽しいか，辛いかという主観による回答で，日本は，主観満足レベルが非常に低いことがわかっています。

幸せは権利ではなく義務

　幸せな人は，酸素吸収量が増加され，血管の拡張，筋肉の弛緩，心拍数が安定し，脳機能の統合性が高まることが知られています。**幸せであればそれだけ集中力を発揮しやすくなります。**現在，幸福学は大学の授業や企業経営に導入されるなど世界的に注目されています。

宝物ファイル

　幸福度を高めるのに効果的なのは**「宝物ファイルプログラム」**です。

　小学校教諭の岩堀美雪氏によって2000年に考案され，小学校のみならず企業の現場にも取り入れられ，数々の実績を生み出しています。

【宝物ファイル】

　ポケット式のクリアファイルを用いて，自分の夢やいいところ，自分のがんばったことや好きなもの，友だちからの言葉など，『自分にとっての宝物』と思えるモノをどんどんファイルのポケットに入れていくという方法。小学1年生でも簡単に取り組むことができる。

Point　幸せの4因子

　慶應義塾大学大学院の前野隆司教授は，幸福に関する過去の研究成果を統合し，因子分析という手法で「幸せの4因子」を導き出しました。4因子とは，自己実現と成長の「やってみよう」因子，つながりと感謝の「ありがとう」因子，楽観と前向きの「なんとかなる」因子，独立とマイペースの「あなたらしく」因子です。

　教育の一つのゴールは自分も周りも幸福になることです。この4因子が子どもたちにしみこむような教育活動が望まれます。

コラム　脳の仕組みをいかして記憶する

　記憶には「短期記憶」と「長期記憶」があります。長期記憶の容量は限られているので，脳は仕分けをし、「必要」と判断した情報だけを、長期保管します。この作業を行っているのは脳の「海馬」です。

　海馬は「生命の存続に役立つかどうか」を判断基準に仕分けをしています。多くの情報は生死に直結しないので、「学んだとしても覚えられない」ことは、脳科学的には自然なことです。海馬のもう一つの判断基準は，「繰り返し」です。繰り返されることで，海馬は必要な情報だと判断します。

　それでは、最後に原則をおさらいして長期記憶に保存していきましょう。

原則１：体を動かすと脳が動き出す！

　脳は動くことで，働き出します。動きを授業に取り入れましょう。

原則２：集中力がアップするタイムプレッシャー

　脳は「時間」の制約で，興奮し，集中します。タイマーを用意しましょう。

原則３：とにかく簡単なことから始めよう！

　やる気は待っていても歩いてきません。小さな一歩を踏み出しましょう。

原則４：脳は質問されるのが大好き

　質問をしましょう。指示や説明が必要な時も、事前に質問をしましょう。

原則５：好き嫌いが集中力を決める

　好きなことは疲れません。楽しく，成長を実感できる授業をしましょう。

原則６：イメージトレーニングを活用する

　イメージすることで、理想が現実のものになります。イメトレしましょう。

原則７：脳をリフレッシュしてエネルギーチャージ

　疲れを癒やすことで集中力を高められます。目を閉じて深呼吸しましょう。

あとがき

　仕事術の本を読むと，以前は「To Do リスト」や，「優先順位」「朝活用法」「時間術」などが中心に書かれていました。現在は「どう自分自身のパフォーマンスを高めて物事に取り組むか」が中心になってきています。集中力を高め，8時間の仕事を6時間で終えることができれば，2時間が生まれるというわけです。そして，生まれた時間でさらに仕事をしていくという考え方から，大切な人のためや，自分のため，社会のためなどにその時間を活用して，より人生を豊かにしていこう，という考え方に移ってきています。

　このことは学校教育においても同じです。集中力を高めることで，短い時間で授業目標を達成できるようになります。余裕も生まれ，プラス a の教育活動にも取り組めます。教師のやりがいや手ごたえも増し，子どもたちも楽しく学び成長を実感し，互いにハッピーになります。

　2015年に『「学力」の経済学』が世に出て以降，サイエンスライターの方の活躍など，エビデンスにもとづいた研究が進んできています。本書は，一部のカリスマ教師や，特色ある教育実践者のエビデンス俺ではなく，様々な研究データの結果をもとに，優位性が証明されたものを，実際に教室実践をくぐらせて一冊の本にまとめました。教師一人ひとりの力量は異なり，環境や子どもたちの実態も千差万別です。そこで，アレンジしやすいように，理論のエッセンスを抽出して書くように努めました。また，汎用性の高い実践例を豊富に載せました。できるところからご活用いただけると幸いです。

　最後に，本書の企画にあたり，イラストをフリーランスティーチャーの田中光夫先生に描いていただけることになりました。また，プロモーションを一緒に考えてくださった小野泰裕先生や編集の及川誠さんをはじめ，多くの方にご協力いただき一冊の本になりました。念願の脳科学の本を形にできて大変うれしく思っています。終わりになりますが，子どもたち，職場のみなさま，サークル仲間，家族，そして最後までお読みいただいたあなたに心から感謝申し上げます。ありがとうございました。　　　　　　　山田　将由

〈引用・参考文献〉 ･･･

- 飯村友和・松尾英明『子どもの顔がパッと輝く！やる気スイッチ押してみよう！』明治図書
- 伊垣尚人『子どもの力を引き出す自主学習ノートの作り方』ナツメ社
- 池谷裕二『受験脳の作り方 脳科学で考える効率的学習法』新潮文庫
- 池谷裕二『進化しすぎた脳 中高生と語る「大脳生理学」の最前線』講談社
- 池谷裕二『単純な脳，複雑な「私」』講談社
- 上大岡トメ・池谷裕二『のうだま１ やる気の秘密』幻冬舎
- 上大岡トメ・池谷裕二『のうだま２ 記憶力が年齢とともに衰えるなんてウソ！』幻冬舎
- 石川晋『学び合うクラスをつくる！「教室読み聞かせ」読書活動アイデア38』明治図書
- 岩崎一郎『何をやっても続かないのは，脳がダメな自分を記憶しているからだ』クロスメディア・パブリッシング
- 岩堀美雪『効果抜群！元気なクラスに変えるとっておきの方法』学陽書房
- エリーン・スネル『親と子どものためのマインドフルネス １日３分！「くらべない子育て」でクリエイティブな脳とこころを育てる』サンガ
- 荻野淳也・木蔵シャフェ君子・吉田典生『世界のトップエリートが実践する集中力の鍛え方 ハーバード，Google，Facebook が取りくむマインドフルネス入門』日本能率協会マネジメントセンター
- 坂井建雄・久光正『ぜんぶわかる脳の事典』成美堂出版
- ショーン・エイカー『幸福優位７つの法則 仕事も人生も充実させるハーバード式最新成功理論』徳間書店
- ジョン・メディナ『脳の力を100％活用するブレイン・ルール』NHK 出版
- 甲斐崎博史『クラス全員がひとつになる学級ゲーム＆アクティビティ100』ナツメ社
- 陰山英男『「読み・書き・計算」で学力再生 新訂増補版』小学館

・加藤俊徳『アタマがみるみるシャープになる!! 脳の強化書』あさ出版
・加藤俊徳『アタマがどんどん元気になる!! もっと脳の強化書2』あさ出版
・加藤俊徳・吉野加容子『脳を育てる親の話し方 その一言が子どもの将来を左右する』青春出版社
・樺沢紫苑『脳を最適化すれば能力は2倍になる 仕事の精度と速度を脳科学的にあげる方法』文響社
・樺沢紫苑『脳のパフォーマンスを最大まで引き出す 神・時間術』大和書房
・川島隆太『子どもを賢くする脳の鍛え方』小学館
・菊池省三他『価値語100ハンドブック』中村堂
・呉真由美『小・中学生のための親子で簡単速読トレーニング』扶桑社
・児玉光雄『どんな時でも結果が出せる! イチロー式集中力』PHP文庫
・齋藤孝『国語の力がグングン伸びる1分間速音読ドリル』致知出版社
・佐藤富雄『感謝ノートで夢は叶う! 人生の図は自分で描ける』朝日新聞出版
・サンガ編集部『グーグルのマインドフルネス革命 グーグル社員5万人の「10人に1人」が実践する最先端のプラクティス』サンガ
・鈴木敏恵『プロジェクト学習の基本と手法 課題解決力と論理的思考力が身につく』教育出版
・鈴木基久『リズムでおぼえる漢字学習 小学校全学年』清風堂書店
・鈴木祐『ヤバい集中力 1日ブッ通しでアタマが冴えわたる神ライフハック45』SBクリエイティブ
・セロン・Q・デュモン『集中力 人生を決める最強の力』サンマーク出版
・多賀一郎『一冊の本が学級を変える クラス全員が成長する「本の教育」の進め方』黎明書房
・タル・ベン・シャハー『ハーバードの人生を変える授業』大和書房
・築山節『脳から自分を変える12の秘訣 「やる気」と「自信」を取り戻す』新潮文庫
・築山節『脳が冴える15の習慣 記憶・集中・思考力を高める』生活人新書
・築山節『脳が冴える勉強法 覚醒を高め，思考を整える』NHK出版新書

・築山節『フリーズする脳 思考が止まる，言葉に詰まる』生活人新書

・デイヴィッド・ゲレス『マインドフル・ワーク 「瞑想の脳科学」があなたの働き方を変える』NHK出版

・寺田昌嗣『学力向上・成績UP！ 子どもの速読トレーニング』PHP研究所

・中室牧子『「学力」の経済学』ディスカバー・トゥエンティワン

・永原昭智『脳・神経の働きから高める集中力』カナリア書房

・西川純編『クラスが元気になる！『学び合い』スタートブック』学陽書房

・西剛志『脳科学的に正しい一流の子育てQ&A』ダイヤモンド社

・野口芳宏『教師の心に響く55の名言』学陽書房

・林成之『解決する脳の力 無理難題の解決原理と80の方法』角川ONEテーマ21

・林成之『子どもの才能は３歳，７歳，10歳で決まる！ 脳を鍛える10の方法』幻冬舎新書

・林成之『素質と思考の「脳科学」で子どもは伸びる』教育開発研究所

・林成之『脳に悪い７つの習慣』幻冬舎新書

・林成之『望みをかなえる脳』サンマーク文庫

・ハンス・ロスリング他『FACTFULNESS 10の思い込みを乗り越え，データを基に世界を正しく見る習慣』日経BP社

・V.A.『アニメで覚えるトクトク99のうた DVD+CD 国・算・理・社・英 暗記ソング集』日本コロムビア

・マーシー・シャイモフ『「脳にいいこと」だけをやりなさい！』知的生き方文庫，三笠書房

・マーシー・シャイモフ『もっと「脳にいいこと」だけをやりなさい！ 確実に自分を変えていく法』知的生き方文庫，三笠書房

・マーティン・セリグマン『オプティミストはなぜ成功するか』パンローリング

・前野隆司『「幸福学」が明らかにした 幸せな人生を送る子どもの育て方』ディスカヴァー・トゥエンティワン

・メンタリスト DaiGo『自分を操る超集中力』かんき出版
・メンタリスト DaiGo『週40時間の自由をつくる 超時間術』実務教育出版
・茂木健一郎『脳を活かす勉強法 奇跡の「強化学習」』PHP 研究所
・茂木健一郎『脳を活かす仕事術 「わかる」を「できる」に変える』PHP 研究所
・茂木健一郎『脳をやる気にさせるたった 1 つの習慣』ビジネス社
・吉田忍・山田将由編著『トップ 1 割の教師が知っている「できるクラス」の育て方』学陽書房
・ロバート・マウラー『脳が教える！1 つの習慣』講談社
・和田秀樹『図解 和田式・脳力倍増ノート』PHP 研究所
・和田秀樹『脳科学より心理学 21世紀の頭のよさを身につける技術』ディスカヴァー携書

【著者紹介】

山田　将由（やまだ　まさよし）

横浜市公立小学校教諭。2009年授業づくりネットワーク東京大会 Mini-1グランプリ優勝，2012年第2回 JUT 全国大会優勝（共に模擬授業全国大会）。

一流の教育者に学び，ミニネタ，読み書き計算，ワークショップ型授業，脳科学，コーチング，幸福学を取り入れた，簡単で効果のある楽しい教育メソッドを日々深めている。

著書に，『THE 教師力ハンドブックシリーズ 音読指導入門 アクティブな活動づくりアイデア』（明治図書）などがある。

【絵】

田中　光夫（たなか　みつお）

公立小学校で勤務する中，様々な理由で休職する教員の増加と代替講師不足が蔓延していることを感じ，担任不在となった学級の担任として働くフリーランスの教員となるべく退職。「フリーランスティーチャー」として働き始めて5年間で，延べ11校で勤務。公立小学校の校内研究講師として，教員の働き方改革の提案にも取り組んでいる。著書に，『マンガでわかる！小学校の学級経営 クラスにわくわくがあふれるアイデア60』（明治図書）などがある。

脳科学が子どもを伸ばす！
子どもが集中するワザ大全

2021年2月初版第1刷刊	©著　者	山　　田　　将　　由
	絵	田　　中　　光　　夫
	発行者	藤　　原　　光　　政
	発行所	明治図書出版株式会社

http://www.meijitosho.co.jp
（企画）及川　誠（校正）杉浦佐和子
〒114-0023　東京都北区滝野川7-46-1
振替00160-5-151318　電話03(5907)6703
ご注文窓口　電話03(5907)6668

＊検印省略　　　　組版所　長野印刷商工株式会社

Printed in Japan　　　　　ISBN978-4-18-357326-1

もれなくクーポンがもらえる！読者アンケートはこちらから